AF851144

**Laura Notheisen   Zum Holocaust in der Ukraine**

Laura Notheisen

# Zum Holocaust in der Ukraine

## Babyn Jar und die Aktion 1005 im Spiegel von Vernehmungsberichten

Herausgegeben von Erhard Roy Wiehn
Hartung-Gorre Verlag Konstanz

Umschlag-Titelseite: altes Mahnmal für die Opfer von Babyn Jar in Kiew; Rückseite: neues Mahnmal in Kiew (Fotos Roy Wiehn); Herstellung: BoD GmbH, Norderstedt

***1945–2020***
***75 Jahre Ende des Zweiten Weltkriegs und der Holocaust-Schoáh***

Bibliographische Information der Deutschen Nationalbibliothek
Die Deutsche Nationalbibliothek verzeichnet diese Publikation in der Deutschen Nationalbibliographie; detaillierte bibliographische Daten sind im Internet über <http://dnb.ddb.de> abrufbar.

© am Text bei der Autorin
Alle Rechte vorbehalten/All rights reserved
Erste Auflage 2015, 2. Auflage 2020
Hartung-Gorre Verlag Konstanz Germany
ISBN 3-86628-554-X u. 978-3-86628-554-5

# Inhalt



***Für Christiane und Dieter***

Jakow Kapjer (von links), Sjama Trubakow und Dawid Budnik vor dem alten Babyn-Jar-Mahnmal in Kiew 1991 (Foto Dmitry Peysakhov)

# 1. Einleitung

Als am 13. März 1969 das Urteil in der Strafsache Sohns am Stuttgarter Landgericht gesprochen wurde, endete bereits der zweite Prozess der 1960er Jahre, der die unvorstellbaren Ereignisse in der sogenannten "Altweiberschlucht" in Kiew thematisierte.[1] Zu diesem Zeitpunkt war der Öffentlichkeit wenig über den historischen Kontext des Prozesses bekannt. Hierbei handelte es sich um die Ausführung der Aktion 1005 durch das sogenannte "Enterdungskommando" in den besetzten sowjetischen Gebieten während der letzten Jahre des Zweiten Weltkriegs. Die NS-Führung ließ 1942 das Sonderkommando 1005 zusammenstellen, um die Spuren ihrer unvergleichlichen Massenmorde zu beseitigen und keine Verantwortung für die Geschehnisse der Besatzungszeit übernehmen zu müssen. Die Zeugenaussagen des oben erwähnten Prozesses sind von immenser Bedeutung für die Rekon-struktion der damaligen Ereignisse, da keine Akten des Sonderkommandos 1005 erhalten sind.

Vordergründig stellt sich allerdings die Frage, wie zuverlässig die Zeugenaussagen des Stuttgarter Prozesses als Quellen für die Erarbeitung des Themenkomplexes sind. Nachdem der aktuelle Forschungsstand aufgezeigt wurde, folgt zum Zwecke der Übersichtlichkeit eine Auflistung der verwendeten Zeugenaussagen. Im Anschluss daran werden zwei große Themenkomplexe untersucht. Im ersten soll anhand der inhaltlich übereinstimmenden Zeugenaussagen der historische Kontext bezüglich der Grabungsarbeiten im Babyn Jar[2] rekonstruiert werden. Beginnend bei den Massenmorden vom 29./30. September 1941 und der weiteren deutschen Besatzungszeit, enden die Verbrechen und die Spurenbeseitigung mit der Ermordung der Zwangsarbeiter sowie der Verhaftung einiger Ordnungspolizisten En-

---

[1] StAL EL III 317, Bü. 1763–1794; Rüter, Christian, Justiz und NS-Verbrechen. Sammlung deutscher Strafurteile wegen Nationalsozialistischer Tötungsverbrechen 1945–1999. Bd. XXXI, Lfd. Nr. 701, S. 693–798.

[2] Die Verfasserin hat sich bei der Bezeichnung der sogenannten "Altweiberschlucht" an der ukrainischen Schreibweise orientiert (*Babyn Jar*), allerdings wurde in den Zeitzeugenzitaten die übliche russische Schreibweise beibehalten (*Babij Jar*).

de September/Anfang Oktober 1943. Nach der Rekonstruktion des Kontexts soll untersucht werden, wie die Arbeiten der Aktion 1005 verliefen und welche Personen daran beteiligt waren. Die Aussagen zu den Exhumierungen in Kiew wurden durch Auskünfte zweier ehemaliger Häftlinge ergänzt, die in den 1990er Jahren ausführlichere Angaben über diese Zeit machen konnten.[3]

Der zweite Schwerpunkt liegt auf den besonderen Merkmalen der Zeugenaussagen: Welche äußeren sowie inneren Umstände und Faktoren beeinflussten die Zeugenaussagen? Gibt es Widersprüche innerhalb der verschiedenen Aussagen? Unterscheiden sich die Aussagen der Häftlinge und der Polizisten des Sonderkommandos?

Ein weiterer interessanter Untersuchungsgegenstand sind die verschiedenen Beschreibungen der in der Schlucht ermordeten Menschen und ihrer Herkunft. Dabei fallen die unterschiedlichen Angaben bezüglich der Kommandogröße und der Anzahl der exhumierten Leichen auf, worauf ebenfalls eingegangen werden soll.

## 2. Forschungsstand

Aufgrund der Tatsache, dass in der neueren Forschung gerade eine ausführliche Auseinandersetzung mit dem Thema stattfindet, die bereits erschienenen Darstellungen aber lediglich einen Überblick vermitteln, wird die Unumgänglichkeit der Verwendung von Archivmaterial für dieses Thema deutlich. Einige der vorliegenden Arbeiten bieten allerdings einen guten thematischen Einstieg, der eine solide Basis für die tiefergreifende Archivarbeit schafft. Dazu gehört als eine der ersten Arbeiten zum Themenkomplex der Aufsatz des israe-

[3] Wie Prof. Dr. Erhard Roy Wiehn, der Herausgeber des Buchs "Nichts ist vergessen", der Verfasserin mitteilte, wurden die Interviews mit den beiden Zeitzeugen in Anwesenheit eines Dolmetschers in Kiew durchgeführt. Im Anschluss an die Gespräche wurde eine Abschrift der Tonbandmitschnitte angefertigt, die lediglich leichte sprachliche Korrekturen enthielt (E-Mails vom 15. und 16.4. 2015).

lischen Historikers Shmuel Spector, der dieses damalige Forschungsdesiderat der Öffentlichkeit zugänglich machte.[4]

2008 folgte durch die Monografie von Jens Hoffmann mit dem Titel "Das kann man nicht erzählen" eine ausführlichere Auseinandersetzung. Hoffmann rekonstruiert die Entstehungsgeschichte der Aktion 1005, soweit dies heute noch möglich ist, um im Anschluss ein großes Themenspektrum zu bearbeiten. Da Hoffmann jedoch zahlreiche Teilkommandos und Grabungsorte beschrieb, konnte er im Einzelnen nicht ins Detail gehen und blieb in seiner Darstellung teilweise oberflächlich.[5]

Der Historiker Andrej Angrick bietet anhand seines Aufsatzes "Operation 1005" einen kurzen Einstieg in die Geschichte der verschiedenen Teilkommandos. Eine ausführliche Darstellung der damaligen Ereignisse befindet sich Angrick zufolge momentan im Lektorat.[6]

Weitere einführende Arbeiten stammen aus der Feder des renommierten Historikers Dieter Pohl. Er beschreibt die Tätigkeiten der Kommandos sowie den Entstehungskontext und die Zusammenstellung durch Paul Blobel. Daneben erläutert Pohl ausführlich die Strukturen und Tätigkeiten der Einsatzgruppe C, deren Sonderkommando 4a maßgeblich an dem Babyn-Jar-Massaker beteiligt war.[7]

---

[4] Spector, Shmuel, Aktion 1005 – Effacing the Murder of Millions, in: Holocaust and Genocide Studies, Bd. 5 (2) 1990, S. 157–173.

[5] Hoffmann, Jens, "Das kann man nicht erzählen". Aktion 1005 – Wie die Nazis die Spuren ihrer Massenmorde in Osteuropa beseitigten, Hamburg 2008.

[6] Angrick, Andrej, Operation 1005: The Nazi Regime's Attempt to Erase Traces of Mass Murder, in: International Holocaust Remembrance Alliance (Hg.), Killing Sites. Research and Remembrance, Bd. 1 2015, S. 47–60; vgl. E-Mails vom 6. und 7.5.2015.

[7] Pohl, Dieter, The Murder of Ukraine's Jews under German Military Administration and in the Reich Commissariat Ukraine, in: Ray Brandon/Wendy Lower (Hg.) The Shoah in Ukraine. History, Testimony, Memorialization, Indiana 2008, S. 23–76; Ders., "Enterdungsaktion", in: Enzyklopädie des Nationalsozialismus, München 2007, S. 454; Ders., Die Einsatzgruppe C 1941/42, in: Peter Klein (Hg.), Die Einsatzgruppen in den besetzten sowjetischen Gebieten. Die Tätigkeits- und Lageberichte des Chefs der Sicherheitspolizei und des SD, Berlin 1997, S. 71–87.

Bemerkenswert für die Bewertung der Aussagen ehemaliger Häftlinge ist der Aufsatz des niederländischen Historikers Karel Berkhoff. Dina Pronicheva überlebte das Massaker des Jahres 1941 und sprach in der Folgezeit mehrfach über ihre Erlebnisse. Berkhoff untersucht zwölf ihrer Berichte, die bis zu ihrem Tod in den 1970er Jahren entstanden, und konstatiert die Veränderungen innerhalb ihrer Aussagen unter den verschiedenen äußeren Bedingungen und Beeinflussungen. Des Weiteren spricht sich Berkhoff für die intensivere Arbeit mit solchen Zeitzeugen aus, selbst wenn inhaltlich kleinere Differenzen auftauchen sollten.[8]

Erhard Roy Wiehn hat in seiner Publikation "Nichts ist vergessen" ausführlich die beiden ehemaligen Häftlinge Dawid Budnik und Jakow Kapjer zu Wort kommen lassen, die an den Enterdungsarbeiten teilnehmen mussten. Die detaillierten Berichte der beiden Häftlinge ermöglichen die Überprüfung der Zeugenaussagen vor Gericht.

In Bezug auf die Hintergründe und den Ablauf der Septembermorde 1941 soll ein weiteres Werk von Wiehn an erster Stelle angeführt werden: Das Gedenkbuch zum 50. Jahrestag des Massakers führt neben Ereignisdarstellungen verschiedenste Quellenmaterialien an, welche die Umstände der Morde thematisieren. Zudem sind neben diversen "Ereignismeldungen UdSSR" weitere Zeitzeugenberichte und Forschungsmeinungen integriert. Die "Ereignismeldungen UdSSR" wurden im Jahre 2011 erfreulicherweise als Quellenedition ediert wurden.[9]

---

[8] Berkhoff, Karel, Dina Pronicheva's Story of Surviving the Babi Yar Massacre: German, Jewish, Soviet, Russian, and Ukrainian Records, in: Ray Brandon/ Wendy Lower (Hg.), The Shoah in Ukraine. History, Testimony, Memorialization, Indiana 2008, S. 291–317.

[9] Budnik, Dawid, Ein Glückskind, in: Erhard Roy Wiehn (Hg.), Nichts ist vergessen, Konstanz 1993; Kapjer, Jakow, Ein Leidensweg, in: Erhard Roy Wiehn (Hg.), Nichts ist vergessen, Konstanz 1993; Wiehn, Erhard Roy, Die Schoah von Babij Jar. Das Massaker deutscher Sonderkommandos an der jüdischen Bevölkerung von Kiew 1941. Fünfzig Jahre danach zum Gedenken, Konstanz 1991; Mallmann, Klaus-Michael/Angrick, Andrej/Matthäus, Jürgen/Cüppers, Martin (Hg.), Die "Ereignismeldungen UdSSR" 1941. Dokumente der Einsatzgruppen in der Sowjetunion I, Darmstadt 2011.

Um die militärischen Aspekte der Besetzung Kiews verständlich zu machen und die Verantwortlichen für das Massaker im Babyn Jar aufzuzeigen, sind drei Aufsätze richtungsweisend. Dies sind zum einen die beiden Werke von Hartman Rüß, der sich sowohl des Einmarsches der deutschen Truppen als auch der Ereignisse während der Besatzung sowie einer Rekonstruktion der "Babyn Jar"-Täter annimmt; zum anderen ein Aufsatz von Klaus Jochen Arnold, der den militärischen Aspekt der Besatzungszeit der ukrainischen Hauptstadt in den Vordergrund seiner Arbeit stellt.[10]

## 3. Die Zeugen

Um die Auswertung der Quellen verständlicher zu präsentieren folgt nun eine tabellarische Darstellung der Zeugen mitsamt ihren Vernehmungsterminen:

Überlebende:

| | |
|---|---|
| – Budnik, Dawid: | 14. Februar 1967 |
| – Dawydow, Wladimir: | 9. Februar 1967 |
| – Jewgjen'jew, Anatolij: | 14. Februar 1967 |
| – Kapjer, Jakow: | 13. Februar 1967 |
| – Trubakow, Sjama: | 14. Februar 1967 |

Sonderkommando 1005 A:

| | |
|---|---|
| – Hanisch, Max: | 7. August 1962, 8. August 1962, 13. Oktober 1964 und 16. Dez. 1964 |
| Kathöfer, Aloisius: | 23. Januar 1964 |

[10] Arnold, Klaus Jochen, Die Eroberung und Behandlung der Stadt Kiew durch die Wehrmacht im September 1941. Zur Radikalisierung der Besatzungspolitik, in: Militärgeschichtliche Mitteilungen 1999 (58), S. 23–63, Rüß, Hartmut, Wer war verantwortlich für das Massaker von Babij Jar?, in: Militärgeschichtliche Mitteilungen 1998 (57), S. 483–508; Ders., Kiev/Babij Jar, in: Gerd R. Ueberschär (Hg.): Orte des Grauens. Verbrechen im Zweiten Weltkrieg, Darmstadt 2003, S. 102–113.

| | |
|---|---|
| – Klein, Kurt: | 17. Februar 1965 und 8. Juli 1965 |
| – Paulat, Horst: | 15. Febr. 1965 und 4. August 1965 |
| – Renz, Emil: | 19. Januar 1946, 22. Januar 1964 |
| – | und 8. Juli 1965 |

Sonderkommando 1005 B:

| | |
|---|---|
| – Adametz, Gerhard: | 17. Oktober 1945, 30. Juli 1962, |
| – | 9. Juli 1965 und 13. Juli 1967 |
| – Behrens, Friedrich: | 18. März 1965 und 7. Juli 1965 |
| – Kappen, Hermann: | 21. Februar 1964 und 11. Juli 1967 |
| – Leuthold, Erich: | 23. Nov. 1963 und 9. Mai 1967 |
| – Löbbert, Franz: | 28. Januar 1964, 29. Januar 1964, |
| – | 20. Januar 1965 und 18. Aug. 1965 |
| – Winter, Otto: | 29. Mai 1945 |

# 4. Historischer Kontext der Aktion 1005

## 4.1. Die Morde in der "Altweiberschlucht" 1941–1943

Die Eroberung der ukrainischen Hauptstadt Kiew in der letzten Septemberwoche 1941 wurde vom Oberkommando der Wehrmacht als ein geschichtsträchtiger Sieg beschrieben.[11] Allerdings war die Stadt den Deutschen nicht ohne Widerstand in die Hände gefallen. Durch den sowjetischen General Andrei Wlassow befohlene Verminungen einiger größerer Gebäude im Stadtzentrum führten auf deutscher Seite während der ersten Tage der Besatzung sowohl zu personellen als auch materiellen Verlusten.[12]

Die zum Teil verheerenden Explosionen in der Innenstadt dienten Kiews Stadtkommandant Kurt Eberhardt und Otto Rasch, SS-Briga-

---

[11] Wegmann, Günter (Hg.), "Das Oberkommando der Wehrmacht gibt bekannt...". Der deutsche Wehrmachtsbericht, Bd. 1, 1939–1941, Osnabrück 1982, S. 673, 682.

[12] Arnold, Behandlung der Stadt Kiew, S. 25, 50.

deführer der Einsatzgruppe C, als geeigneter Anlass für ein Pogrom an den Kiewer Juden.[13] Die Lage der "Altweiberschlucht" am (*damaligen*) Rande der Stadt erwies sich für die geplante Aktion als äußerst nützlich. Dawid Budnik, Überlebender der Grabungsarbeiten, beschrieb die Vorteile von Babyn Jar mit den Worten: "Vom Stadtzentrum führte eine gerade Straße hierher, von den Wohnvierteln trennten Gefängnis und Friedhof die Schlucht. Deshalb meinten die Faschisten, es würde keine Zeugen der Massenerschießungen geben."[14] Durch ein Plakat wurde die jüdische Bevölkerung Kiew aufgefordert, sich am 29. September 1941 an einer Straßenkreuzung nahe des jüdischen Friedhofs am Rande der Stadt zu sammeln. Um die Opfer zu beruhigen, wurden Gerüchte einer geplanten Umsiedlung verbreitet. In der ausführlichen "Ereignismeldung Nr. 106 der UdSSR" wurde das geschickte Vorgehen der beteiligten Kommandos sowie das Verbergen der Erschießungen vor der Zivilbevölkerung von Seiten der Truppen geradezu stolz beschrieben.[15]

Die Beobachtungen des damals 17-jährigen Kiewer Bürgers Anatolij Jewgjen'jew widersprechen jedoch den Behauptungen der deutschen Seite. So konnte Jewgjen'jew unzählige mit Menschen beladene Lastwagen sehen, die in Richtung der Schlucht fuhren. Seine Neugier zog den Augenzeugen mehrmals an den Ort des Verbrechens, so dass er beobachten konnte, wie die Opfer über den jüdischen Friedhof Lukaniowka am (*damaligen*) Rande Kiews in die Schlucht geführt wurden. Darunter waren Männer, Frauen und Kinder jeden Alters. Am Abhang zur Schlucht mussten die Men-schen niederknien, damit sie nach der Erschießung in die Schlucht fielen. "Von unserem Gehöft aus konnte man die endlosen Salven aus Maschinenpistolen und Maschinengewehren hören", schilderte Jewgjen'jew seine persönlichen Eindrücke. [16]

---

[13] Schneider, Karl, "Auswärts eingesetzt". Bremer Polizeibataillone und der Holocaust, Essen 2011, S. 457; Rüß, Hartmut, Wer war verantwortlich?, S. 499.

[14] Budnik, Dawid, Ein Glückskind, S. 70.

[15] EM 106, in: "Die Ereignismeldungen UdSSR" 1941, S. 642.

[16] Jewgjen'jew, Anatolij, 14.2.1967, in: StAL, EL 317 III Bü. 1769, Band XI, S. 326–329, hier: S. 327.

Eine weitere eindrückliche Passage stammt aus der Zeugenvernehmung des späteren Leiters der Ordnungspolizei im Sonderkommando 1005 A Max Hanisch. Ihm wurde von Paul Blobel, dem zukünftigen Leiter der Aktion 1005, folgendes zu den Erschießungen des Septembers 1941 erzählt: "Zuletzt aber sei das [die Erschießungen] zu schwierig gewesen, weil diese Menschen geschrieen hätten. Daraufhin sei der Panzergraben, in dem die Opfer zusammengetrieben gewesen seien, mittels Sprengstoff eingedrückt worden, so daß die Menschen von Erdmassen lebendig begraben wurden."[17]

Die "Einsatzmeldung Nr. 101 der UdSSR" konstatierte am 2. Oktober 1941 die Tötung von 33.771 Juden aus Kiew am 29./30. September 1941, die in Zusammenarbeit des Sonderkommandos 4a mit dem Gruppenstab und zwei Kommandos des Polizei-Regiments Süd, darunter die Polizeibataillone 45 und 303, durchgeführt worden seien. Neben den deutschen Truppen waren ukrainische Hilfspolizisten an der Durchführung der Morde beteiligt. Diese Meldung mit dem grausigen Inhalt wurde auf wenigen Zeilen verfasst.[18]

Die Besatzungszeit in Kiew war durch weitere Morde geprägt. Mehrere Erschießungen konnten von Jewgjen'jew in der Folgezeit wahrgenommen werden, allerdings sollen diese nun in der Nacht stattgefunden haben. Über Babyn Jar schilderte Jewgjen'jew seine Eindrücke: "Tagsüber sah ich in der Schlucht die von oben zugeschütteten Leichen, und am Morgen des folgenden Tages war an denselben Plätzen frisch aufgeschüttete Erde zu sehen; Köpfe, Arme und Beine neuer Opfer waren zu sehen. An vielen Stellen war die Erde von menschlichem Blut durchgetränkt. Ich bin mehrmals über die Chaussee an der Schlucht gegangen und ich habe all das mit meinen eigenen Augen gesehen."[19]

---

[17] Hanisch, Max, 8.8.1962, in: StAL, EL 317 III Bü. 1766, Band III, S. 299–307, hier: S. 305.

[18] EM 101, in: "Die Ereignismeldungen UdSSR" 1941, S. 615; Rüß, Hartmut, Kiev/Babij Jar, in: Gerd R. Ueberschär (Hg.): Orte des Grauens. Verbrechen im Zweiten Weltkrieg, Darmstadt 2003, S. 102f.; Schneider Karl, Auswärts eingesetzt, S. 456ff.; Berkhoff, Karel, Dina Pronicheva, S. 292.

[19] Jewgjen'jew, Anatolij 14.2.1967, S. 328.

Kurze Zeit nach der deutschen Besetzung Kiews und nach dem großen Massaker in der Schlucht wurden Anfang Oktober 1941 auf dem Gelände der Psychiatrischen Pawlow-Klinik mehrere Hundert Klinikpatienten von SS-Einheiten erschossen und in einer dort angelegten Grube begraben.[20]

Neben der Schlucht wurde ein Panzerabwehrgraben, der zu Kriegsbeginn angelegt worden war, für weitere Erschießungen genutzt. Dort wurden laut Jewgjen'jew viele Zivilisten, Kriegsgefangene und Matrosen erschossen.[21]

Bis zum letzten Tag der später folgenden Exhumierungs- und Verbrennungsarbeiten konnten die Zwangsarbeiter die weiteren Tötungen in der Schlucht durch Gaswagen oder Erschießungen bezeugen.[22]

## 4.2. Aufstellung des mobilen Sonderkommandos 1005

Bereits im Frühjahr 1942 wurde die Organisation der Aktion 1005, deren Bezeichnung sich auf das Aktenzeichen des Reichssicherheitshauptamtes in Berlin zurückführen lässt[23], an Paul Blobel übertragen. Obwohl die deutschen militärischen Erfolge die künftige Niederlage damals noch unwahrscheinlich wirken ließen, wollte das NS-Regime die Mordspuren verwischen.[24] Organisation und Durchführung fanden in enger Zusammenarbeit mit dem Reichssicherheitshauptamt (RSHA), vor allem mit dem Gestapoleiter Heinrich Müller statt. Jede Unterstützung, sowohl personeller als auch materieller Art, musste

---

[20] Al'tmann, Il'ja, Opfer des Hasses. Der Holocaust in der UdSSR 1941–1945, Gleichen 2008, S. 353.

[21] Jewgjen'jew Anatolij, 14.2.1967, S. 328.

[22] Dawydow, Wladimir, 9.2.1967, S. 289; Kapjer, Jakow, 13.2.1967, S. 299; Budnik, Dawid, Ein Glückskind, S. 76; Jakow Kapjer, Ein Leidensweg, S. 227.

[23] StAL, EL 317 III, Bü. 1766, Bd. I, S. 42.

[24] Pohl, Dieter, Enterdungsaktion, S. 494; Lower, Wendy, Nazi Empire-Building and the Holocaust in Ukraine, Chapel Hill 2005, S. 82.

Blobel laut einer Weisung des RSHA zukommen.[25] Die oberste Priorität galt dabei der Geheimhaltung der Aktion.[26]

Im Sommer 1942 wurden im Vernichtungslager Kulmhof nahe der polnischen Stadt Łódź verschiedene Leichenbeseitigungsmaßnahmen getestet. Als effektivste erwies sich eine Art Scheiterhaufen, auf dem die Leichen immer abwechselnd mit Holz gestapelt wurden.[27]

Die Grabungen in Kiew hatten für Blobel - auch aufgrund seiner persönlichen Beteiligung an dem Massaker von 1941 - größte Bedeutung. Spätestens im Frühsommer 1943 wurde Hans Sohns als Leiter des Kommandos für den Südabschnitt der Ostfront, Ukraine und Schwarzes Meer, bestimmt.[28]

Das SD-Personal war für die Aufsicht über die Häftlinge vorgesehen, wobei für die Bewachung der Arbeitsstätte Ordnungspolizisten eingesetzt wurden. Die Ordnungspolizisten wurden Blobel von dem Befehlshaber der Ordnungspolizei (BdO) in Kiew, Adolf von Bomhard, gestellt.[29] Es folgten Treffen zwischen Paul Blobel, seinem Adjutanten Arthur Harder und Hans Sohns, in denen organisatorische Fragen erörtert wurden.[30] Um die Beseitigung der Spuren der vielen Massenmorde im Südabschnitt der Front unter dem großen zeitlichen Druck zu bewältigen, wurde das Sonderkommando 1005 in die beide Teilkommandos A und B gegliedert.[31] Zeitgleich sollten noch weitere Teilkommandos folgen, um die Massengräber in den gesamten besetzten sowjetischen Gebieten zu beseitigen. Neben Blobel, Harder und Sohns waren für den Grabungsbereich im Babyn Jar die beiden

---

[25] StAL, EL 317 III Bü. 1765, Bd. VI: Urteil, S. 29; das Urteil kann auch im Archiv des Instituts für Zeitgeschichte unter der Signatur Gs 05.33 sowie bei Rüter, Justiz und NS-Verbrechen, Lfd. Nr. 701, S. 693–798 eingesehen werden.

[26] Hoffmann, Jens, Aktion 1005, S. 10.

[27] Hoffmann, Jens, Aktion 1005, S. 11.

[28] Urteil, S. 29; Sohns, Hans, 10.10.1966, in: StAL, EL 317 III Bü. 1767, Band VII, S. 402–409, hier: S. 404; Urteil, S. 29.

[29] Urteil, S. 32.

[30] Urteil, S. 30.

[31] Urteil, S. 29.

SS-Angehörigen Baumann[32] sowie Heinrich Topheide von Bedeutung. Beide hatten direkten Umgang mit den eingesetzten Häftlingen.[33]

## 4.3. Vorbereitungen vor Ort

Im August 1943 wurde Max Hanisch nach Kiew abkommandiert, ohne nähere Informationen über seinen geplanten Einsatz zu erhalten. Vor Ort wurde er durch den BdO Adolf von Bomhard an Paul Blobel verwiesen und mit seiner zukünftigen Aufgabe konfrontiert. Hanisch sollte als Leiter der Ordnungspolizisten des Teilkommandos 1005 A eingesetzt werden.[34] Die Aufgabe der Ordnungspolizei bestand darin, die Grabungsstellen weiträumig in einem inneren und äußeren Zirkel abzusperren und zu bewachen. Die eigentlichen Ausgrabungen sowie die Bewachung der Häftlinge lagen außerhalb seines eigenen Tätigkeitsfeldes.[35]

Während der Vorbereitungszeit und der Aufstellung des Kommandos wurde Hanisch regelmäßig an die strikte Geheimhaltungspflicht in Bezug auf die Arbeiten erinnert.[36] Nach organisatorischen Treffen mit Blobel, Harder und Baumann wurde Hanisch das zu bewachende Gelände mitsamt der vermuteten Massengräber gezeigt, wodurch das räumliche Ausmaß der Arbeiten deutlich wurde. An-

---

[32] Der Vorname Baumanns ließ sich nicht eruieren, vgl. dazu: S. 25, Anmerkung Nr. 108.

[33] StAL EL 317 III Bü. 1791, Lichtbildtafel Nr. 21–23: Heinrich Topheide, geb. am 27.11.1903 in Sassenberg, zum Zeitpunkt des Einsatzes in Kiew SS-Oberscharführer, ab 30.1.1945 Beförderung zum SS-Untersturmführer; Hanisch, Max, 13.10.1964, in: StAL, EL 317 III Bü. 1766, Band III, S. 332–342, hier: S. 336; Leuthold, Erich, 9.5.1967, in: StAL, EL 317 III Bü. 1768, Band IX, S. 111–115, hier: S. 114.

[34] Hanisch, Max, 13.10.1964, S. 332f.; Hanisch, Max, 7.8.1962, in: StAL, EL 317 III Bü. 1766, Band III, S. 283–298, hier: S. 284.

[35] Hanisch, Max, 7.8.1962, S. 285; Hanisch, Max, 16.12.1964, in: StAL, EL 317 III Bü. 1767, Band IV, S. 30–35, hier: S. 31; Adametz, Gerhard, 17.10.1945, in: StAL, EL 317 III Bü. 1766, Band I, S. 89–102, hier: S. 97f.; Adametz, Gerhard, 9.7.1965, in: StAL, EL 317 III Bü. 1767, Band VI, S. 259–264, hier: S. 260.

[36] Hanisch, Max, 13.10.1964, S. 333.

grenzend zum jüdischen Friedhof Lukaniowka sollte sich eines der Gräber "in einer zugeschütteten natürlichen Bodenvertiefung" befinden. [37]

Zwischen Mitte August und Anfang September 1943 trafen stetig weitere Ordnungspolizisten in Kiew ein. Bereits während der Eisenbahnfahrt nach Kiew lernten sich die Polizisten gegenseitig kennen. Etwa am 1. September 1943 wurden die Neuankömmlinge von Hanisch begrüßt und an die Grabungsstelle geführt. [38]

Parallel zum Eintreffen der meisten Ordnungspolizisten begannen etwa Mitte August 1943 die Vorbereitungsarbeiten für die eigentlichen Exhumierungen im Babyn Jar. Die Arbeiten, die laut Hanisch zwei Tage in Anspruch nahmen, wurden von Häftlingen des angrenzenden Lagers Syrez durchgeführt. Untergebracht waren die Zwangsarbeiter bis dahin noch im Arbeitslager selbst.[39]

Neben einem Sichtschutz für das gesamte Areal, der mithilfe von Reisig und Zweigen von den Häftlingen geflochten wurde, mussten Unterkünfte sowohl für die Polizisten als auch für die Häftlinge errichtet werden.[40] In der Häftlingsbaracke herrschten unmenschliche Lebensbedingungen: kaum Frischluftzufuhr, Schlafplätze auf dem nackten Boden. Um die Häftlinge auch in der Nacht ausreichend bewachen zu können, wurde direkt vor ihrer Baracke ein Wachturm errichtet. [41]

Aloisius Kathöfer schilderte weitere vorbereitende Maßnahmen, die das Gelände um die Schlucht betrafen, wie folgt: "Zunächst mußten wir auf dem Friedhof, der völlig verwildert war, durch das Ge-

---

[37] Hanisch, Max, 7.8.1962, S. 286, 290; Hoffmann, Aktion 1005, S. 111.

[38] Kathöfer, Aloisius, 23.1.1964, in: StAL, EL 317 III Bü. 1767, Band III, S. 48–65, hier: S. 49f.; Klein, Kurt, 17.2.1965, in: StAL, EL 317 III Bü. 1767, Band VI, S. 187, hier: S. 187.

[39] Hanisch, Max, 7.8.1962, S. 287.

[40] Klein, Kurt, 8.7.1965, in: StAL, EL 317 III Bü. 1767, Band V, S. 253f., hier: S. 253; Hanisch, Max, 13.10.1964, S. 337.

[41] Kapjer, Jakow, 13.2.1967, S. 298; Budnik, Dawid, Ein Glückskind, S. 76; Trubakow, Sjama, 14.2.1967, in: StAL, EL 317 III Bü. 1769, Band XI, S. 305–310, hier: S. 308; Kapjer, Jakow, Ein Leidensweg, S. 224.

strüpp eine Sichtschneise schlagen. Dabei wurde gesagt, sie sei für den Fall eines Partisanenangriffs gedacht. Dann wurden die Grabsteine in der Schneise umgestürzt, und zwar wieder unter dem Vorwand, es müsse Sicht geschaffen werden. Wir wußten immer noch nicht, was los war. Mir kam das alles nicht geheuer vor."

Der Ordnungspolizist Kathöfer war lediglich Zeuge der Vorbereitungen, da er unmittelbar nach dieser Erfahrung aufgrund eines von ihm erfundenen Vorwands um von dort weg versetzt zu werden, krankheitsbedingt in ein Lazarett verlegt wurde.[42]

Ein Teil der rekrutierten Zwangsarbeiter wurde auf den Friedhof geschickt, um dort die zuvor umgestürzten Grabsteine und eisernen Grabumzäunungen für den Bau der Scheiterhaufen abzuholen.[43] In Anbetracht der Tatsache, dass viele der Häftlinge jüdischen Glaubens waren, stellt dieser Arbeitsauftrag eine weitere demütigende Maßnahme der deutschen Besatzungsmächte dar.

## 4.4. Grabungsarbeiten

Am 18. August 1943 wurden aus dem KZ Syrez etwa 100 arbeitsfähige Häftlinge durch einer Gruppe von SS-Angehörigen für die eigentlichen Exhumierungsarbeiten rekrutiert.[44] Die ausgewählten Personen waren sich ihrer prekären Lage bewusst, in der sie sich bereits in dem Syrezer Lager befanden. Dawid Budnik schilderte die Situation der jüdischen Insassen mit den Worten: "In der Kartei eines jeden Juden stand 'lebenslänglich', wie wir später erfuhren. Es gab nur einen Ausweg von hier – Babij Jar."[45] Diese Äußerung lässt nicht viel Spielraum für Interpretationen: offensichtlich rechneten viele der ausgewählten einhundert Zwangsarbeiter mit ihrer Erschießung.

---

[42] Kathöfer, Aloisius, 23.1.1964, S. 50.

[43] Trubakow, Sjama, 14.2.1967, S. 308; Budnik, Dawid, 14.2.1967, S. 318.

[44] Dawydow, Wladimir, 9.2.1967, S. 288.

[45] Budnik, Dawid, Ein Glückskind, S. 70.

Für Max Hanisch und seine Ordnungspolizisten des SK 1005 A begannen die Arbeiten am 1. September 1943, genau vier Jahre nach Beginn des Zweiten Weltkriegs.

Die Exhumierungen und Verbrennungen fanden auf mehreren Arealen in und angrenzend zur Schlucht gleichzeitig statt. Dadurch waren die Arbeitsstätten für die Häftlinge innerhalb kürzester Zeit erreichbar. Neben dem Massengrab in der Schlucht und dem Panzerabwehrgraben war zuletzt eine Leichengrube auf dem Gelände der Psychiatrischen Pawlow-Klinik in Kiew angelegt worden.[46]

Eindrücke der Aktionsvorbereitung in der Umgebung der Schlucht sind lediglich durch einige Aussagen der Ordnungspolizisten überliefert. Die vier überlebenden Zeugen wurden nicht bei den vorbereitenden Maßnahmen eingesetzt, sondern ausschließlich bei den Exhumierungsarbeiten. Bei der Ankunft im Babyn Jar konnten die Häftlinge die bevorstehende Situation nicht überblicken.

Unmittelbar nach Betreten der Schlucht wurden den Häftlingen Fußketten angelegt, mit denen sie zwar arbeiten konnten, die sie jedoch in ihrer Bewegungsfreiheit derart einschränkten, dass eine Flucht ausgeschlossen war.[47] Zusätzlich wurden die Häftlinge zum Ausheben der ersten Grube mit Schaufeln ausgestattet. Die Zwangsarbeiter dachten während der drei Tage andauernden Grabungen an die Errichtung der eigenen Gräber.[48]

Nach der Leichenexhumierung kamen Spitzhacken zum Einsatz, um die Arbeiten zu beschleunigen. Zu diesem Zweck versuchten die Häftlinge die Leichname mit Hilfe der Hacken unterhalb des Kinns zu fassen.[49]

Allerdings traten bei den Bergungsversuchen der menschlichen Überreste, die seit etwa zwei Jahren dort begraben waren, häufig Probleme auf. Der Überlebende Kapjer beschrieb die Tücken dieser

---

[46] Informationen über die Psychiatrische Pawlow-Klinik erhielt die Verfasserin von Prof. Dr. Erhard Roy Wiehn (E-Mail vom 7.5.2015).

[47] Budnik, Dawid, Ein Glückskind, S. 76; Kapjer, Jakow, 13.2.1967, S. 298; Kapjer, Jakow, Ein Leidensweg, S. 104f. (204)

[48] Turbakow, Sjama, 14.2.1967, S. 308.

[49] Kapjer, Jakow, Ein Leidensweg, S. 223.

kaum vorstellbaren Arbeit mit folgenden Worten: "Es kam des öfteren vor, daß sie [die Leichen] in zwei Stücke zerrissen wurden, darum zog man sie hier mit großen Hakenstöcken heraus. Man gab sich Mühe, den Haken unter die Rippen zu schlagen, dann zogen einige Männer gemeinsam die Leiche heraus."[50]

Neben Jakow Kapjer schilderte ebenso Dawid Budnik die schwierigen Arbeitsbedingungen kurz und bündig: "Harter Boden, zusammenhängende Leichen – seit den ersten Erschießungen waren ja schon zwei Jahre vergangen."[51]

Infolge dessen wurden laut dem Zeugen Dawydow sogar gezielte Sprengungen vorgenommen, um die Leichenbergung zu vereinfachen.[52]

Nach der Exhumierung mussten die Leichen, bevor sie verbrannt wurden, auf Wertgegenstände, wie beispielsweise Schmuck oder Goldzähne untersucht werden.[53] Im Anschluss daran wurden sie auf ein Gerüst gelegt, das aus den Grabsteinen und Gittern des jüdischen Friedhofes bestand.

"Danach mußten wir eine Fläche von 10 m x 10 m planieren und die Steine und Gitter schachbrettartig darauflegen, sodaß sich ein Aschenloch ergab, danach legten wir schichtenweise Brennholz und Leichen darauf und übergossen alles mit Petroleum", schilderte der ehemalige Zwangsarbeiter Trubakow die Konstruktion eines Scheiterhaufens.[54]

Auf solch einem Haufen konnten ungefähr 2.000 bis 2.500 Leichen bis in eine Höhe von etwa vier Metern gestapelt werden.[55] Um den Höhenunterschied bei der Positionierung der letzten Leichen und dem Übergießen mit Petroleum zu überwinden, wurde ein Hilfsge-

[50] Kapjer, Jakow, Ein Leidensweg, S. 225.

[51] Budnik, Dawid, Ein Glückskind, S. 76f.

[52] Dawydow, Wladimir, 9.2.1967, S. 289.

[53] Trubakow, Sjama, 14.2.1967, S. 309; Dawydow, Wladimir, 9.2.1967, S. 288; Kapjer, Jakow, 13.2.1967, S. 299.

[54] Trubakow, Sjama, 14.2.1967, S. 308.

[55] Dawydow, Wladimir, 9.2.1967, S. 288.

rüst um den Scheiterhaufen errichtet. Meistens brannten die Scheiterhaufen länger als einen Tag.[56]

Des Weiteren berichtete Trubakow von einer zähen schwarzen Masse, die unter dem brennenden Scheiterhaufen hervorkam und in eine vorbereitete Mulde floss.[57]

Nachdem die Leichen verbrannt waren, wurde die Asche gesiebt, um etwaige übersehende Wertgegenstände ausfindig zu machen und um größere Knochenstücke mithilfe einer speziellen Knochenmühle zu zermahlen.[58] Die Asche wurde auf Feldern und in Gemüsegärten nahe der Schlucht sowie in der Schlucht selbst verstreut.[59]

Durch den Kommandoführer mussten täglich sogenannte "Wetterberichte" erstellt werden, die vermutlich an das RSHA übersendet wurden. In diesen Berichten wurde die Anzahl der bereits verbrannten Leichen unter dem Tarnbegriff "Wetterhöhe" angegeben. Aufgrund dieser Meldungen erhielt das Kommando intern auch den Namen "Himmelskommando".[60]

Insgesamt wurden diese Arbeiten über einen Monat bis Ende September unter unmenschlichen Bedingungen fortgeführt. Neben grausamen Folterungen, Prügel, Erschießungen und dem Aushungern bestanden zudem keinerlei Möglichkeiten für körperliche Hygiene. Während des Einsatzes in der Schlucht durften die Häftlinge sich weder rasieren, waschen noch die Kleidung wechseln.[61]

Wie bereits im vorigen Kapitel angesprochen, fanden während der Verbrennungen weitere Erschießungen und Vergasungen direkt im Babyn Jar statt. Somit mussten die Häftlinge nicht nur die exhumierten Leichen verbrennen. Der Zeuge Budnik beschrieb folgendes Szenario: "Während der Zeit der Leichenverbrennungen brachten die

[56] Kapjer, Jakow, 13.2.1967, S. 298.

[57] Trubakow, Sjama, 14.2.1967, S. 309.

[58] Budnik, Dawid, 14.2.1967, in: StAL, EL 317 III Bü. 1769, Band XI, S. 317-320, hier: S. 318.

[59] Dawydow, Wladimir, 9.2.1967, S. 288; Trubakow, Sjama, 14.2.1967, S. 309; Kapjer, Jakow, 13.2.1967, S. 299; Budnik, Dawid, 14.2.1967, S. 318.

[60] Hanisch, Max, 13.10.1964, S. 340; Kapjer, Jakow, Ein Leidensweg, S. 226.

[61] Dawydow, Wladimir, 9.2.1967, S. 289.

Deutschen mindestens zweimal in der Woche, in acht bis neun Touren pro Tag, lebendige Häftlinge in Gaswagen herbei und vergifteten sie in den Wagen durch Gas. Wir legten dann die Leichen zur Verbrennung in den Ofen."[62] Daneben unterstreicht die Aussage des Zeugen Kapjer die Grausamkeit der Täter: "Ich sah, wie ein Gaswagen in die Schlucht gefahren kam, einige Minuten mit laufendem Motor stehenblieb [sic!]. Dann wurden wir gezwungen, aus diesem Wagen die Leichen auszuladen und in die brennenden Öfen zu werfen. Häufig starben die Menschen nicht durch das Gas und wurden lebendig ins Feuer geworfen." Kapjer schilderte weiter, dass "aus dem brennenden Scheiterhaufen [...] Schreie und Stöhnen [ertönten]".[63]

Die Häftlinge, die das Feuer der brennenden Scheiterhaufen bewachten, mussten zusätzliche Schikanen erdulden. Sie wurden gezwungen, Mützen zu tragen, auf denen Teufelshörner angebracht waren. Diese Demütigung wurde bereits bei der Beseitigung der Massengräber im Konzentrationslager Janowska bei Lemberg eingeführt. [64]

Um die gewaltigen Leichenberge verbrennen zu können, sowie unter dem Druck der herannahenden Front, wurden zur Leichenbergung neben Haken weitere Hilfsmittel eingesetzt, darunter auch Bagger.[65] Daneben sollte eine personelle Verstärkung die Arbeitsgeschwindigkeit erhöhen. Deshalb beschlossen die Organisatoren der Aktion, einen Teil des Sonderkommandos 1005 B aus Dnipropetrowsk abzukommandieren.

Zum Zeitpunkt der Abkommandierung waren die Arbeiten an den Grabungsstellen in Dnipropetrowsk noch nicht angelaufen.[66] Anfang September 1943 wurden Ordnungspolizisten unter Leitung von Otto Winter ohne nähere Auskünfte nach Kiew gebracht. Laut dem Zeu-

[62] Budnik, Dawid, 14.2.1967, S. 319.

[63] Kapjer, Jakow, 13.2.1967, S. 299.

[64] StAL, EL 317 III Bü. 1789, S. 54; Hoffmann, Aktion 1005, S. 95.

[65] Kapjer, Jakow, 13.2.1967, S. 298; Dawydow, Wladimir, 9.2.1967, S. 288f.

[66] Löbbert, Franz, 28.1.1964, S. 132.

gen Gerhard Adametz folgten einige Tage nach ihrer Ankunft, und zwar am 10. September 1943, die Begrüßung durch Hanisch, eine Aufgabenerläuterung sowie mehrere Verweise auf die Geheimhaltungspflicht aller Beteiligten.[67] Hanisch warnte die Ordnungspolizisten, dass sie nun "Geruch wahrnehmen [würden], der nach Käse rieche" und dieser Geruch "hinten aus der Küche" komme. Adametz beschrieb den Geruch, als "Verwesungsgeruch, der uns krank machte", und Franz Löbbert beschwerte sich über einen fürchterlichen Gestank, wodurch sich viele übergeben mussten.[68] Der anwesende Baumann wählte Kappen zufolge diese Worte: "Was Sie hier in dieser Grube sehen, sind keine Menschen, sondern Figuren. Diese Figuren sind - sinngemäß - Gegenstand unserer Aufgabe." Diese Ansprache und Ausdrucksweise des SD-Angehörigen muss Kappen fest im Gedächtnis verankert gewesen sein, da er drei Jahre nach der ersten Vernehmung fast exakt dieselben Worte wählte.[69]

Der Grund für die Grabungsarbeiten wurde den Ordnungspolizisten des Teilkommandos 1005 B als Hygienemaßnahme dargestellt, um die Entstehung und Ausbreitung einer Epidemie zu vermeiden.[70]

Während der ersten Vernehmung 1945 im amerikanischen Internierungslager Dachau beschrieb Gerhard Adametz, dass bei der Ankunft des Kommandos in der Schlucht bereits drei bis vier Scheiterhaufen mit geschätzten 700 Leichen aufgeschichtet gewesen seien. In dem angrenzenden Panzergraben seien drei solcher "Öfen" mit jeweils 2.000 Leichen errichtet worden.

Nach der Verstärkung des Ordnungspolizeikommandos wurden etwa 230 weitere Häftlinge rekrutiert, um die Arbeiten zeitlich be-

---

[67] Kappen, Hermann, 21.2.1964, in: StAL, EL 317 III Bü. 1767, Band V, S. 148–159, hier: S. 150f.; Adametz, Gerhard, 17.10.1945, S. 90, 95; Löbbert, Franz, 28.1.1964, S. 132f.; Adametz, Gerhard, 30.7.1962, in: StAL, EL 317 III Bü. 1766, Band I, S. 73–88, hier: S. 76.

[68] Adametz, Gerhard, 17.10.1945, S. 95f; Löbbert, Franz, 18.8.1967, in: StAL, EL 317 III Bü. 1769, Band X, S. 210–217, hier: S. 211.

[69] Kappen, Hermann, 21.2.1964, S. 151; Kappen, Hermann, 11.7.1967, in: StAL, EL 317 III Bü. 1769, Band X, S. 159–170, hier: S. 161.

[70] Löbbert, Franz, 28.1.1964, in: StAL, EL 317 III Bü. 1767, Band V, S. 171-174, hier: 173.

wältigen zu können.[71] Nähere Informationen zur Größe der beiden Sonderkommandos 1005 A und B sowie der Häftlingsgruppe und der Anzahl der exhumierten und verbrannten Leichen werden in einem späteren Kapitel ausführlicher diskutiert.

## 4.5. Das Ende der Aktion in Kiew

Im September 1943 verliefen die letzten Arbeitstage weder für die Häftlinge noch für die Ordnungspolizisten des Sonderkommandos 1005 wie ursprünglich vorgesehen. Um endgültig alle Spuren der Aktion zu beseitigen, sollten die Häftlinge erschossen und auf dem letzten Scheiterhaufen, den sie zynischerweise selbst errichten mussten, verbrannt werden.[72] Einige Häftlinge bemerkten das kommende Arbeitsende und fürchteten um das eigene Leben. Über die bevorstehenden Gefahren und den wahrscheinlichen Tod waren sie sich schon vor Arbeitsbeginn im Babyn Jar bewusst. Der Kiewer Häftling Jakow Kapjer war sich im Klaren darüber, dass "wir dazu verurteilt waren, in dieser Schlucht zu sterben".[73] Während der Arbeiten auf dem Gelände der Psychiatrischen Pawlow-Klinik in Kiew verbreiteten sich Gerüchte über die bevorstehende Auflösung des Sonderkommandos.[74] "In dem Bestreben, sich aus dieser Hölle zu retten", erwogen die Häftlinge die Flucht.[75]

Mit Fluchtgedanken trugen sich einige Häftlingen bereits seit geraumer Zeit. Der Umsetzung dieses Vorhabens standen neben den Wachmannschaften und den Fußfesseln auch die gesicherte Gittertür der Erdbaracke im Weg. Um das Türschloss zu überwinden, machten sich unter anderem Jakow Kapjer und Dawid Budnik auf die Suche nach einem passenden Schlüssel. Viele exhumierte Leichen trugen noch die verschiedensten Gegenstände bei sich, auch diverse

[71] Adametz, Gerhard, 17.10.1945, S. 99.

[72] Kapjer, Jakow, 13.2.1967, S. 299.

[73] Kapjer, Jakow, 13.2.1967, S. 299.

[74] Budnik, Dawid, Ein Glückskind, S. 80.

[75] Trubakow, Sjama, 14.2.1967, S. 309.

Schlüssel oder anderes Werkzeug. Exakt zwei Jahre nach dem Massaker des Jahres 1941 gelang es den Häftlingen, sich mittels gefundener Gegenstände unter gegenseitiger Hilfe ihrer Fußfesseln zu entledigen und die Tür zu entriegeln.[76] Zuvor noch um Stille bemüht, verursachten die Häftlinge nach dem Öffnen der Barackentür Lärm und riefen Budnik zufolge "Hurra!" und "Für das Vaterland!"[77] Die Angaben über die Schreie und den Lärm der ausbrechenden Häftlinge decken sich mit den Aussagen des Ordnungspolizisten Adametz.[78] Einige der Wachen waren allerdings angetrunken, da der SS-Obersturmführer Baumann am letzten Abend vor Beendigung der Arbeiten laut Hanisch einen Bierabend veranstaltet hatte.[79] Durch diesen Umstand und das Überraschungsmoment konnten die ersten Wachen überwältigt werden. Sofort wurde Alarm geschlagen, das Feuer eröffnet, wodurch einige der Flüchtenden getötet wurden. Trotz der schwierigen Witterungsverhältnisse mit dichtem Bodennebel wurden viele der geflüchteten Zwangsarbeiter auf ihrer Flucht durch die gebildeten Suchtrupps getötet, nur etwa 10 bis 15 Häftlinge überlebten die Flucht.[80] Die Suchtrupps kamen erst gegen Mittag des 29. Septembers 1943 wieder in die Schlucht zurück. Zu dieser Zeit waren die anderen Häftlinge, denen die Flucht nicht gelungen war, schon erschossen worden.

Allerdings kontrastieren hier einige Aussagen hinsichtlich der zeitlichen Abfolge. So beschrieb zum Beispiel der Zeuge Hanisch, wie er aus der Ferne beobachtete, dass am 29. September 1943 nach der Flucht die verbliebenen Häftlinge an einem Tisch etwas unterschreiben mussten, bevor sie zum Scheiterhaufen geführt und durch Genickschuss getötet wurden. Näheres zu dieser Unterschrift wurde

[76] Kapjer, Jakow, 13.2.1967, S. 299; Budnik, Dawid, 14.2.1967, S. 320.

[77] Budnik, Dawid, 14.2.1967, S. 320.

[78] Adametz, Gerhard, 17.10.1945, S. 99; Adametz, Gerhard, 30.7.1962, S. 86.

[79] Hanisch, Max, 7.8.1962, S. 289f.

[80] Dawydow, Wladimir, 9.2.1967, S. 289; Kappen, Hermann, 21.2.1964, S. 152; Adametz, Gerhard, 30.7.1962, S. 86; Hoffmann, Jens, Aktion 1005, S. 116; Pohl, Dieter, Murder of Ukraine's Jews, S. 54; Spector, Shmuel, Aktion 1005, S. 164; Wiehn, Erhard, Schoah von Babij Jar, S. 51.

nicht erwähnt.[81] Die letzten Häftlinge mussten ihre toten Kameraden auf den Scheiterhaufen ziehen, bevor sie selbst auf dem Haufen erschossen wurden. Der letzte Scheiterhaufen im Babyn Jar wurde von den Deutschen selbst entzündet.

Der Ausbruch der Häftlinge hatte weitreichende Folgen für das Wachpersonal der Ordnungspolizei. So wurden neben Max Hanisch, Gerhard Adametz und Franz Löbbert etwa 12 bis 17 Ordnungspolizisten nach einem Verhör in der Baracke verhaftet und am 1. Oktober 1943 in das Gefängnis der Sicherheitspolizei in Kiew gebracht. Alle inhaftierten Polizisten hatten Angst vor einer "Sonderbehandlung"[82], da durch ihre Unachtsamkeit die Geheimhaltungspflicht verletzt worden war. Laut dem Zeugen Löbbert kam die Angst, "sonderbehandelt" zu werden, nicht von ungefähr, da der SS-Obersturmführer Baumann ihre Erschießung mit den Worten androhte: "Sie können sich eine Stelle auf dem Haufen aussuchen". Die Versorgung während der Einzelhaft war dürftig, bestand nur aus Kraut, Brot und Kartoffeln. Der Zeuge Löbbert zeigte sich neben der schlechten Versorgung ebenso pikiert über die "russische Bedienung", die sich im Gefängnis um die Inhaftierten kümmerte.[83]

Adametz zufolge wurde das durch die Ordnungspolizisten gestellte Wachpersonal am 10. Oktober 1943 wieder entlassen und an die neuen Standorte der entsprechenden Kommandos zurückgeschickt. Damit endete der Einsatz der beiden Teilkommandos 1005 A und B in Kiew.[84]

---

[81] Hanisch, Max, 16.12.1964, S. 32.

[82] Hanisch, Max, 7.8.1962, S. 290.

[83] Löbbert, Franz, 29.1.1964, in: StAL, EL 317 III Bü. 1767, Band V, S. 175-181, hier: S. 181; Löbbert, Franz, 28.1.1965, in: StAL, EL 317 III Bü. 1767, Band V, S. 182–185, hier: S. 185; Adametz, Gerhard, 17.10.1945, S. 99f.

[84] Adametz, Gerhard, 17.10.1945, S. 100f.; Hanisch, Max, 7.8.1962, S. 290.

Dawid Budnik 1990 (Foto Dmitry Peysakhov)

Jakow Kapjer 1990 (Foto Dmitry Peysakhov)

Sjama Trubakow 1991(Foto Dmitry Peysakhov)

## 5. Differenzen innerhalb der Zeugenaussagen

Am 11. Dezember 1967 wurde am Stuttgarter Landgericht die Anklageschrift gegen den ehemaligen SS-Sturmbannführer Hans Sohns als Hauptangeklagten verlesen. Neben ihm waren drei weitere ehemalige Mitglieder des Sonderkommandos 1005 angeklagt: Fritz Zietlow, Walter Helfsgott, sowie Fritz Kirstein. Beschuldigt wurden sie der Beihilfe zum Massenmord an den Häftlingen des Sonderkommandos. Die Verkündung des Urteils erfolgte am 13. März 1969.

Das Landgericht verurteilte Sohns zu vier und Zietlow zu zwei Jahren Haft. Kirstein und Helfsgott wurden freigesprochen. Die Aussagen der Zeugen, die im Laufe des Prozesses vernommen wurden, sind die Grundlage dieser Arbeit. Aus einer Vielzahl von Zeugen des Stuttgarter Prozesses wurden sechzehn, die ihren Einsatzort im Babyn Jar hatten, ausgewählt und untersucht.

Im Fokus der Vernehmungen standen die Erschießungen der damaligen Zwangsarbeiter im Babyn Jar im September 1943. Die persönlichen Geschichten der Zeugen bildeten jeweils den Rahmen der Verhöre. Im Fall der ehemaligen Häftlinge war der erlittene Leidensweg durch verschiedene Lageraufenthalte und die vermeintliche Endstation in der Schlucht geprägt.

Die Ergebnisse der Zeugenbefragungen aus Kiew waren nicht nur für die Beweisführung der Stuttgarter Anklage vorgesehen. Die sowjetischen Zeugen wurden mit der Person Kuno Callsen konfrontiert, allerdings rief der Name bei keinem der Befragten Erinnerungen wach. Drei der fünf befragten Zeugen erwähnen explizit, dass sie den Namen Callsen nicht kennen würden. Die anderen beiden verweisen lediglich darauf, dass ihnen weitere Namen Beteiligter nicht geläufig seien.[85] Der Hintergrund dieser Fragestellung war ein Prozess, der zeitgleich am Landgericht Darmstadt geführt wurde. Thematisch wurden unter anderem die Verbrechen des Septembermassakers 1941 in Kiew behandelt. Neben Kuno Callsen wurden

[85] Budnik, Dawid, 14.2.1967, S. 320; Dawydow, Wladimir, 9.2.1967, S. 290; Kapjer, Jakow, 13.2.1967, S. 300.

zehn weitere Angeklagte der Beihilfe zum Mord bezichtigt. Am 29. November 1968 wurde das Urteil am Landgericht Darmstadt verkündet, durch welches Callsen zu 15 Jahren Zuchthaus verurteilt wurde.[86]

Somit erwecken die Vernehmungen den Eindruck, speziell für die beiden Prozesse durchgeführt worden zu sein, wobei die Informationen der Kiewer Zeugen letztlich für die Rekonstruktion der Aktion 1005 und somit für den Prozess am Stuttgarter Landgericht ausschlaggebender waren.

Die mehrfachen Aussagen zu den gleichen Themen bieten einen guten Ansatzpunkt, um die Glaubwürdigkeit der Zeugen zu untersuchen. Wurde ein Sachverhalt anders dargestellt oder sind wichtige Informationen als gefährlich empfunden worden und deswegen ausgespart?

## 5.1. Allgemeine Bewertungskriterien

Verschiedene Aspekte müssen in Bezug auf die verwendeten Zeugenaussagen beachtet werden. Ein wichtiger Faktor bei der Beurteilung stellt die Zeit dar. Je kürzer der zeitliche Abstand zwischen den Erlebnissen und den Vernehmungen war, desto präsenter und detaillierter konnten die Zeugen aussagen. Mehrfach konnte beobachtet werden, dass die Aussagen, die unmittelbar nach Kriegsende gemacht wurden, deutlich ausführlicher waren, als etwa zwanzig Jahre danach. Im Laufe der Jahre konnten sich die Ereignisse beispielsweise durch Gespräche mit Beteiligten, der weiteren Lebenserfahrung, sowie dem eigenen psychischen Schutzmechanismus verändern.[87]

---

[86]Rüter, Christian, Justiz und NS-Verbrechen. Sammlung deutscher Strafurteile wegen Nationalsozialistischer Tötungsverbrechen 1945–1999. Bd. XXXI, Lfd. Nr. 694, S. 9–275.

[87] Baer, Ulrich, Niemand zeugt für den Zeugen. Erinnerungskultur und historische Verantwortung nach der Shoah, Frankfurt am Main 2002, hier. S. 11ff.; Caruth, Cathy, Trauma als historische Erfahrung: Die Vergangenheit einholen, in: Baer, Ulrich, Niemand zeugt für den Zeugen. Erinnerungskultur und historische Verantwortung nach der Shoah, Frankfurt am Main 2002, S. 84–98;

Zu beobachten ist dieses Phänomen beispielsweise bei Mengen- oder Datumsangaben. In den meisten Fällen handelt es sich bei den angegebenen Werten um Schätzungen, so dass diese lediglich als Richtlinie genutzt werden können.

Andererseits können entsprechende Aussagen sehr präzise sein, sobald sie mit einem bestimmten Ereignis verknüpft sind. Der Zeuge Gerhard Adametz konnte den 1. Oktober 1943 als Tag seiner Verhaftung gut im Gedächtnis behalten, da es sich um seinen Geburtstag handelte. [88] Einige der Überlebenden konnten bei ihrer Vernehmung in Kiew ebenfalls genaue Daten angeben, etwa wann sie vom Syrezer Lager nach Babyn Jar gebracht wurden. Allerdings sind diese Aussagen stets kritisch zu hinterfragen, da es sich um Wissen handeln kann, das sich die Zeugen erst nach den Ereignissen bzw. nach dem Krieg angeeignet haben. Beispielsweise wurden einige Zeugen der Aktion 1005 in Kiew bereits im Nürnberger Hauptkriegsverbrecherprozess als Zeugen erwähnt, darunter befand sich auch Dawydow. Somit konnte er durch die sowjetische Beweisführung stark beeinflusst werden.[89] In einem späteren Kapitel werden die verschiedenen Zahlenangaben ausführlicher behandelt.

---

Jockusch, Laura, "Jeder überlebende Jude ist ein Stück Geschichte". Zur Entwicklung jüdischer Zeugenschaft vor und nach dem Holocaust, in; Martin Sabrow/Norbert Frei (Hg.), Die Geburt des Zeitzeugen nach 1945, Göttingen 2012, S. 113–144, hier: S. 136; Kenkmann, Alfons, Historisches Lernen mit Zeitzeugen? Geschichtsdidaktische Anmerkungen, in: Die Schoah in Geschichte und Erinnerung: Perspektiven medialer Vermittlung in Italien und Deutschland, Bielefeld 2015, S. 141–156; Laub, Dori, Zeugnis ablegen oder Die Schwierigkeiten des Zuhörens, in: Baer, Ulrich, Niemand zeugt für den Zeugen. Erinnerungskultur und historische Verantwortung nach der Shoah, Frankfurt am Main 2002, S. 68-83; Michaelis, Andree, Erzählräume nach Auschwitz. Literarische und videographierte Zeugnisse von Überlebenden der Shoah, Berlin 2013, hier: S. 31–38; Welzer, Harald, Das kommunikative Gedächtnis. Eine Theorie der Erinnerung, München 2008, hier: S. 21.

[88] Adametz, Gerhard, 17.10.1945, S. 100.

[89] Der Prozess gegen die Hauptkriegsverbrecher vor dem Internationalen Militärgerichtshof Nürnberg 14. November 1945–1. Oktober 1946, Vernehmungsniederschriften 5. Februar 1946-19. Februar 1946, Band VII, Nürnberg 1947, S. 612.

Neben dem zeitlichen Faktor spielen bei der Beeinflussung der Zeugenaussagen auch unterschiedliche politische Systeme eine Rolle. Beispielsweise wurde Otto Winter während seiner Kriegsgefangenschaft in Chemnitz durch einen sowjetischen Major vernommen. Dagegen wurde Gerhard Adametz im amerikanischen Internierungslager Dachau über die damaligen Ereignisse befragt.[90]

Die Vernehmungen der überlebenden Häftlinge wurden im Februar 1967 innerhalb weniger Tage in Kiew geführt. Aufgebaut waren alle Vernehmungsprotokolle der ehemaligen Zwangsarbeiter nach demselben Schema. Alle Vernehmungen fanden im Gebäude der Staatsanwaltschaft der Ukrainischen SSR in Kiew statt. Zwei Justizräte namens Potapjenko und Makossjewskij, die in den Protokollen als "Staatsanw[ä]lt[e] der Abteilung zur Untersuchungsüberwachung bei den Organen der Staatssicherheit der Staatsanwaltschaft der USSR" bezeichnet werden, führten die Befragungen durch. Innerhalb nicht einmal einer Woche wurden alle Befragungen über die Aktion 1005 durchgeführt. Drei Zeugenaufnahmen fanden sogar hintereinander am selben Tag statt, wobei die Aussagen abwechselnd von Potapjenko und Makassjeskij aufgenommen wurden. Vor der Vernehmung wurden die Zeugen auf die Verpflichtung hingewiesen, wahrheitsgemäß auszusagen. Bei Falschaussagen oder Aussageverweigerung wurden sie auf die strafrechtlichen Konsequenzen verwiesen.[91]

Auffällig erscheint der Unterschied zwischen dem sowjetischen und dem deutschen Strafrecht. In der deutschen Justiz kann eine Aussage verweigert werden, sobald die Gefahr besteht, dass sich der Zeuge selbst belasten könnte. Dieser Fall trat beispielsweise beim Hauptangeklagten Hans Sohns ein. Als die endgültigen Vorwürfe gegen ihn erhoben wurden und Sohns über sein Recht, die Aussage zu verweigern, informiert wurde, entschied er sich, keine weiteren An-

---

[90] Winter, Otto, 29.5.1945, in: StAL, EL 317 III Bü. 1790, Band XV, S. 32–39, hier: S. 32; Adametz, Gerhard, 17.10.1945, S. 99.

[91] Dawydow, Wladimir, 9.2.1967, S. 287; Kapjer, Jakow, 13.2.1967, S. 297; Trubakow, Sjama, 14.2.1967, S. 305; Budnik, Dawid, 14.2.1967, S. 317; Jewgjen'jew, Anatolij, 14.2.1967, S. 326.

gaben zu machen.[92] Die sowjetischen Zeugen waren hingegen gezwungen, in jedem Fall eine Aussage zu machen.

Ein weiterer auffälliger Aspekt innerhalb der Aussagen der sowjetischen Zeugen stellen deren stereotype Ausdrucksweisen und Wortwahl dar. Beispielsweise wurde stets vom "Vaterländischen Krieg" gesprochen, der von den "faschistischen Okkupanten" begonnen wurde.[93] In diesen Fällen wurden die Unterschiede in der Erinnerungspolitik zwischen Deutschland und der damaligen Sowjetunion deutlich. Stets konnten die ehemaligen Häftlinge dabei in Verdacht geraten, mit den deutschen Besatzern kollaboriert zu haben. Dementsprechend aufmerksam und gut überlegt mussten sie ihre Aussagen machen.[94]

Wichtig erscheint auch die Frage nach dem Hintergrund der Vernehmungen. Im Falle der Prozessvernehmungen wurden die Fragestellungen vordergründig an die Anklagen angepasst. Die zuständigen Staatsanwaltschaften versuchten anhand der Befragung, Informationen über die Verwicklung der verdächtigen Personen während der Besatzungszeit in den sowjetischen Gebieten zu gewinnen.

Dementsprechend wurden die Fragestellungen speziell für die Vernehmungen entwickelt. Ein unabhängiger Forscher würde hingegen weitreichendere Fragen stellen, die nicht hauptsächlich auf die Verwicklung der angeklagten Personen fokussieren würden.

Des Weiteren sollte stets der natürliche Schutzmechanismus jedes Menschen berücksichtigt werden, der die Zeugen veranlasste, sich

---

[92] § 163a (4) 2 StPO; Sohns, Hans, 10.10.1966, S. 268.

[93] Kapjer, Jakow, 13.2.1967, S. 297; Trubakow, Sjama, 14.2.1967, S. 305.

[94] Walke, Anika, "Wir haben über dieses Thema nie gesprochen." Jüdischer Überlebenskampf und sowjetische Kriegserinnerung, in: Micha Brumlik/Karol Sauerland, Umdeuten, verschweigen, erinnern. Die späte Aufarbeitung des Holocaust in Osteuropa, Frankfurt am Main 2010, S. 25–46, hier: S. 28; Penter, Tanja, "Das Urteil des Volkes". Der Kriegsverbrecherprozess von Krasnodar, Osteuropa. Interdisziplinäre Monatszeitschrift zur Analyse von Politik, Wirtschaft, Gesellschaft, Kultur und Zeitgeschichte in Osteuropa, Ostmitteleuropa und Südosteuropa, 60 (2010), Nr. 12, S. 117–132; Dies., Die Ukrainer und der "Große Vaterländische Krieg": Die Komplexität der Kriegsbiographien, in: Kappeler, Andreas (Hrsg.): Die Ukraine. Prozesse der Nationsbildung, u.a. Köln 2011, S. 335–348.

möglichst nicht selbst zu belasten. Dies trifft sowohl auf die Ordnungspolizisten, als auch auf die überlebenden Häftlinge zu. Der Wandel vom Zeugen zum Täter spiegelt sich z.B. bei Sohns wieder. Während seiner Vernehmung am 10. Oktober 1966 erklärte er, dass er selbst in den Nürnberger Prozessen die Rolle eines Zeugen übernommen habe. Zusätzlich sei er bereits im Jahre 1948 vom Spruchgericht Benefeld/Bomlitz wegen seiner Zugehörigkeit zum SD zu einer Gefängnisstrafe von zwei Jahren und zehn Monaten verurteilt worden. Allerdings konnte die britische Kriegsgefangenschaft der Strafe angerechnet werden.[95]

Auch ein Teil der Ordnungspolizisten hätte im Laufe der Vernehmungen leicht zu Verdächtigen werden können, beispielsweise die Leiter der Ordnungspolizisten Max Hanisch (1005 A) Otto Winter (1005 B), da beide innerhalb ihrer Kommandos über Führungsgewalt verfügten.

Selbst zwanzig Jahre nach den Geschehnissen standen die ehemaligen Ordnungspolizisten, aufgrund der damals abgegebenen Verschwiegenheitserklärung immer noch in einem Gewissenskonflikt. So bemerkte der Zeuge Friedrich Behrens, "daß er bis zu seinem Lebensende zu keiner Person darüber sprechen dürfe, was er gesehen habe". Ebenso argumentierte Hermann Kappen, der zwanzig Jahre nach den Ereignissen noch Vergeltungsmaßnahmen gegen seine Familie fürchtete, die ihm im Falle des Schwurbruchs 1943 angedroht wurden. Aus diesen Gründen habe er bisher Stillschweigen vor seiner Familie bewahrt und über die Kriegserfahrungen geschwiegen. Letztendlich schien er seine Ängste aber überwunden zu haben, da er "rückhaltlos die Wahrheit angeben" wollte.[96]

Im Falle Hanischs wurde nach seiner letzten Vernehmung darauf hingewiesen, dass er aufgrund einer schweren Operation nicht zu dem gerichtlichen Termin hätte erscheinen dürfen. Diesen jedoch gegen die Empfehlung des Arztes trotzdem wahrzunehmen, könnte

[95] Sohns, Hans, 10.10.1966, S. 402f.

[96] Behrens, Friedrich, 18.3.1965, in: StAL, EL 317 III Bü. 1767, Band VI, S. 218, hier: S. 218; Kappen, Hermann, 21.2.1964, S. 148f.

eine mögliche Beeinflussung seines Auffassungsvermögens vermuten lassen.[97] Kurze Zeit nach der letzten Befragung verstarb Hanisch.

Bei Adametz wurde anders verfahren und festgehalten, dass "von der Vernehmung des Zeugen Adametz Abstand genommen werden [solle], da er nicht vernehmungsfähig erscheint". Während seiner letzten Vernehmung berichtete Adametz von seinen Albträumen, die ihn wegen der damaligen Erlebnisse nachts heimsuchten und die er mithilfe von Alkohol zu vertreiben versuche.[98]

Solche Vermerke sind bei den Zeugenvernehmungsprotokollen äußerst relevant, da sich diese nonverbalen Merkmale sonst nicht aus den Protokollen herauslesen lassen. Als ausschlaggebendes Beispiel lässt sich die Vernehmung von Sohns im Jahre 1966 anführen. Im letzten Abschnitt wurde die starke Nervosität des Zeugen anhand ausgeprägten Zitterns sowie unverhältnismäßigen Zigarettenkonsums beschrieben.[99]

## 5.2. Beschreibung der Charaktere

Bei Personenbeschreibungen werden die verschiedenen Sichtweisen der Aussagenden besonders deutlich. Auf der einen Seite standen die Ordnungspolizisten und Sicherheitspolizisten, die untereinander teilweise ein kameradschaftliches Verhältnis gepflegt hatten. Auf der anderen Seite befanden sich die ehemaligen Häftlinge, die durch den Häftlings-Aufseher-Antagonismus beeinflusst waren.

Die Person des SS-Unterscharführers Heinrich Topheide könnte dementsprechend nicht unterschiedlicher beschrieben werden. Max Hanisch nannte ihn einen "verhältnismäßig junge[n] Unterscharführer mit freundlichem Wesen und schlankem Äußeren". Demgegenüber wurde er von den Häftlingen als "Unmensch" bezeichnet. Dawid Budnik fand für Topheide folgende Worte: "Aus kleinstem An-

[97] Hanisch, Max, 16.12.1964, S. 34.

[98] Adametz, Gerhard, 13.7.1967, in: StAL, EL 317 III Bü. 1769, Band X, S. 175f., hier: S.176.

[99] Sohns, Hans, 10.10.1966, S. 409.

laß schoß er einfach ins Genick, ohne ein Wort zu sagen. Hat ihm etwas nicht gefallen, so kam er und schoß einfach ins Genick. Oder er zwang erst die Opfer hinzuknien und schoß dann. Wir konnten ihn von weitem erkennen. Er zuckte krankhaft mit dem Kopf, vielleicht durch eine Verwundung."[100]

Die Persönlichkeit Sohns wurde nicht allzu ausführlich thematisiert, da er aufgrund seines Aufgabenbereiches im Gebiet der Heeresgruppe Süd ständig auf Reisen war. Dennoch blieb Hans Sohns Charakter dem Zeugen Hanisch bei seinen seltenen Besuchen an der "Baustelle" durch sein arrogantes Auftreten negativ in Erinnerung.[101] Hanisch zufolge herrschte zwischen den Ordnungspolizisten und den Sicherheitspolizisten im Allgemeinen ein gespanntes Verhältnis, das sich auf rudimentäre Umgangsformen beschränkte.[102] Die fehlende Wertschätzung machte Hanisch zu schaffen, wobei er des Weiteren auf die herabsetzende Behandlung Sohns durch Blobel verwies.[103]

Sohns war auch den ehemaligen Häftlingen Budnik und Dawydow ein Begriff, da er für die Beschaffung der Bagger gesorgt haben soll. Ungeklärt bleibt dennoch, ob Sohns oder Blobel die Organisation des Hilfsgerätes oblag, um die Arbeiten trotz des Zeitdrucks und der schwierigen Bedingungen durchführen zu können. Beide kommen aufgrund der unterstützenden Weisung des RSHA in Frage.[104]

Der Bezirksoberleutnant der Gendarmerie Max Hanisch versuchte sich während seiner Vernehmungen stets als unbedeutende Person darzustellen. Laut Hanisch hatten Blobel und die Angehörigen des SD die gesamten Vollmachten und Vollstreckungsgewalten; die eigene Rolle bezüglich der Arbeiten beschrieb Hanisch als unspektakulär. Hanisch schrieb mehrfach Blobel, Harder und Sohns die Ver-

---

[100] Budnik, Dawid, Ein Glückskind, S. 77.

[101] Hanisch, Max, 16.12.1964, S. 31.

[102] Paulat, Horst, 4.8.1965, in: StAL, EL 317 III Bü. 1767, Band VI, S. 291–295, hier: S. 293.

[103] Hanisch, Max, 7.8.1962, S. 285.

[104] Kapjer, Jakow, 13.2.1967, S. 298; Dawydow, Wladimir, 9.2.1967, S. 288f.

antwortung für die Verbrechen zu. Die Hauptschuld konnte dadurch einem Mann gegeben werden, der bereits im Jahre 1948 zur Rechenschaft gezogen und zum Tode verurteilt worden war.[105] In Wirklichkeit lässt sich eine komplette Schuldabweisung der damals anwesenden Ordnungspolizisten indes nicht vertreten.

Einmal bemerkte Hanisch, dass der SD einige seiner Leute für die Arbeiten innerhalb der Absperrungsposten eingesetzt hätte - beziehungsweise die Polizisten zu solchen Aufgaben gezwungen hätte. Dawid Budnik und Wladimir Dawydow nannten hingegen den Namen "Chanisch" auf die Nachfrage bezüglich der Verantwortlichen für die Ausgrabungen. Wobei Dawydow lediglich angab, eine Person namens "Chanisch" in Erinnerung zu haben. Budnik wurde in diesem Fall deutlicher und nannte sowohl Topheide als auch "Chanisch" im Zusammenhang mit der Leitung der "Ausgrabungen und Verbrennungen der Leichen in Babij Jar, sowie [der] Vernichtung der Häftlinge".[106] Es besteht durchaus die Möglichkeit, dass ein SS-Mitglied einen ähnlichen Namen wie Max Hanisch hatte. Denn nicht nur Hanisch betonte immer wieder, dass es nicht zum Kontakt zwischen den Häftlingen und ihm im Speziellen kam, sondern dass er die Exhumierungen und Morde lediglich aus der Ferne beobachten konnte.[107] Auch Aloisius Kathöfer nahm in Bezug auf Hanisch eine verteidigende Position ein und beschrieb Hanischs Rolle in Bezug auf die Verantwortung der Tätigkeiten vor Ort als passiv. Folgende Worte unterstrichen Hanischs niedrige Position. "Meiner Auffassung nach litt Hauptmann Hanisch unter der ganzen Angelegenheit. Er hielt sich weitgehend heraus und hatte nach meiner Auffassung auf das ganze Geschehen keinen Einfluss."[108] Sofern Kathöfer mit seiner Aussage Hanisch nicht bewusst schützen wollte, erscheint eine na-

[105] Ogorreck, Ralf/Rieß Volker, Fall 9: Der Einsatzgruppenprozeß (gegen Otto Ohlendorf und andere), in: Gerd R. Ueberschär (Hg.), Der Nationalsozialismus vor Gericht. Die alliierten Prozesse gegen Kriegsverbrecher und Soldaten 1943–1952, Frankfurt am Main 1999, S. 164-175, hier: S. 165f.

[106] Budnik, Dawid, 14.2.1967, S. 320.

[107] Hanisch, Max, 7.8.1962, S. 286.

[108] Kathöfer, Aloisius, 23.1.1964, S. 62.

mentliche Verwechslung möglich – zumal auch bei einer anderen Person namentliche Verwirrungen auftraten, und zwar dem ehemaligen SS-Obersturmführer Baumann. Hanisch nannte ihn während seiner ersten Vernehmungen Josef Frank. Doch wurde Hanisch während der weiteren Befragung bewusst, dass er sich womöglich geirrt und beide Personen verwechselt hatte. Tatsächlich handelte es sich bei Baumann und Frank um ein und dieselbe Person.[109]

Bei einigen Zeugen treten lediglich kleinere inhaltliche Widersprüche innerhalb der Aussagen auf. Dagegen lassen die Stellungnahmen des Ordnungspolizisten Emil Renz insgesamt Zweifel an der Glaubwürdigkeit des Vernommenen aufkommen. Renz unterstützte als Angehöriger des Sonderkommandos 1005 A die Absperrarbeiten im Babyn Jar, behauptete in beiden Vernehmungen der 1960er Jahre indes unerschütterlich, nichts von den eigentlichen Arbeiten in der Schlucht wahrgenommen zu haben. "Diese Leichenverbrennungen können Ihnen doch nicht verborgen geblieben sein", lautete die ungläubige Reaktion des vernehmenden Staatsanwaltes. Renz rückte jedoch nicht von seiner Position ab. Sein Kommando sei zur Partisanenbekämpfung in Kiew eingesetzt gewesen. Erst nach dem Krieg habe er durch die gerichtlichen Vernehmungen sowie die Gespräche mit ehemaligen Kameraden etwas über die Ereignisse erfahren. Bei seiner letzten Vernehmung im Jahre 1965 verwies Renz auf sein schlechtes Gedächtnis bezüglich des Einsatzortes und der damaligen Aufgabe.[110]

Die angebliche Unkenntnis von Emil Renz kann auf mehreren Ebenen widerlegt werden, sogar durch eine Aussage von Renz selbst aus dem Jahr 1946. Zwar beschrieb Renz damals den Einsatz als Absperrdienst für den SD nicht sehr ausführlich, aber deutlich genug.

[109] Hanisch, Max, 7.8.1962, S. 286. Bei dieser Vernehmung Hanischs fällt der Name Josef Frank, den er als Vertreter der Sicherheitspolizei beschreibt. Im Laufe des Verhörs bemerkte er allerdings, dass er die Namen verwechselt hatte und eigentlich einen Mann mit dem Namen Baumann meinte, vgl. dazu: Hanisch, Max, 7.8.1962, S. 290; Hoffmann, Aktion 1005, S. 111.

[110] Renz, Emil, 22.1.1964, in: StAL, EL 317 III Bü. 1767, Band IV, S. 40–47, hier: S. 40; Renz, Emil, 8.7.1965, in: StAL, EL 317 III Bü. 1767, Band VI, S. 250–252, hier: S. 251.

Die Ordnungspolizisten sollten verhindern, "dass Privatpersonen das Verbrechen, bereits vom Sicherheitsdienst umgelegter Personen, beobachten konnten". Sogar die ungefähre Größe der Ordnungspolizeieinheit, die Entfernung zur Verbrennungsstelle und die Arbeitsdauer waren Renz 1946 noch im Gedächtnis.[111] Zwar vergingen zwischen den verschiedenen Vernehmungen etwa zwanzig Jahre, aber selbst zwei Jahrzehnte können diese Erlebnisse unmöglich komplett aus Renz‘ Erinnerung verdrängt haben.

Ein weiteres indirektes Gegenargument lieferte Max Hanisch, der das Szenario der Entzündung des ersten Leichenhaufens folgendermaßen beschrieb: "Danach kam die russische Feuerwehr, weil der ganze Himmel rot war."[112] Demnach konnten auch Renz die Verbrennungen unmöglich entgangen sein, selbst wenn er seinen Absperrdienst auf der anderen Seite der Schlucht verrichtet hätte.

Neben Max Hanisch erinnerte sich auch Aloisius Kathöfer 1964 an eine große Rauchwolke und an großen Feuerschein, nachdem der Scheiterhaufen in Brand gesteckt wurde. Kathöfers Aussage bezog sich zwar nicht auf die Verbrennungen im Babyn Jar, da er noch während der Vorbereitungsarbeiten auf dem Lukaniowka-Friedhof in ein Lazarett verlegt wurde. Er erlebte Leichenverbrennungen an einer Grabungsstelle in Uman. Da sich die größten Gräber allerdings in der Kiewer Schlucht befanden, müssen die Rauchwolken in Kiew noch größer und weithin sichtbarer gewesen sein als in Uman.[113] Der Zeuge Horst Paulat war denn auch irritiert, "daß stärkere Rauchbildung und Gestank wahrnehmbar war[en], wenn der SD-Teil bei der Arbeit war. Im Laufe der Zeit wurde uns [Ordnungspolizisten] dann allerdings offenbar, daß es sich um Verbrennungen von früher erschossenen Juden oder anderen Menschen handelte."[114]

---

[111] Renz, Emil, 19.1.1946, in: StAL, EL 317 III Bü. 1766, Band III, S. 313f., hier: S. 313.

[112] Hanisch, Max, 8.8.1962, S. 305.

[113] Kathöfer, Aloisius, 23.1.1964, S. 51.

[114] Paulat, Horst, 4.8.1965, S. 15.

Abgesehen von den Ordnungspolizisten schilderte auch der Kiewer Bürger Anatolij Jewgjen'jew große dunkle Rauchsäulen, die er oberhalb der Schlucht im Jahre 1943 gesehen habe: "Von unserem Gehöft aus waren die Rauchsäulen zu sehen, es war ein starker Brandgeruch zu spüren und der Geruch brennender Körper. Dies sahen und hörten alle Bewohner unseres Bezirks in der gesamten Umgebung von Babij Jar."[115] Nähere Informationen über die Vorgänge im Babyn Jar erhielt er durch einen geflüchteten Häftling, dessen Herkunft jedoch nicht bekannt ist.

## 5.3. Die Toten der Schlucht

Wie bereits erwähnt, ist eine vollständige Rekonstruktion der genauen Zahlen oder der Herkunftsländer durch die herangezogenen Prozessakten nicht mehr möglich. Meistens handelte es sich um grobe Schätzungen der Zeugen, die stets variierten. Die Spanne der exhumierten und verbrannten Leichen differierte zwischen etwa 30.000 und 125.000. Vor allem zwischen den Aussagen der ehemaligen Zwangsarbeiter und der damaligen Ordnungspolizisten gab es hinsichtlich der Anzahl der verbrannten Menschen erhebliche Abweichungen. Die Angaben der Überlebenden lagen zwischen 120.000 und 125.000 Leichen. Ein Großteil der ehemaligen Ordnungspolizisten nannte hingegen schätzungsweise zwischen 30.000 und 50.000 Leichen, die in der Schlucht verbrannt wurden. Das Stuttgarter Landgericht folgte in seinem Urteil den Angaben der überlebenden Häftlinge: Demnach sollen etwa 50 bis 60 Scheiterhaufen mit jeweils 2.000 bis 2.500 Leichen aufgestapelt und angezündet worden sein. Somit wurde von etwa 100.000 bis 125.000 beseitigten Leichen ausgegangen.[116] Allerdings waren die Angaben der vernommenen Polizisten nicht nur hinsichtlich der Zahl der Leichen, sondern auch zu den drei Hauptgrabungsstellen (Schlucht, Panzerabwehrgraben und

---

[115] Jewgjen'jew, Anatolij, 14.2.1967, S. 328.

[116] Dawydow, Wladimir, 9.2.1967, S. 289; Kapjer, Jakow, 13.2.1967, S. 299; Trubakow, Sjama, 14.2.1967, S. 309; Budnik, Dawid, 14.2.1967, S. 320.

Gelände der Psychiatrischen Pawlow-Klinik) viel detaillierter als die Angaben der ehemaligen Häftlinge. So beschrieb der Zeuge Adametz im Jahre 1945 zwei große Massengräber von unterschiedlicher Größe. In dem größeren hätten etwa 40.000 bis 45.000 Leichen gelegen, in dem kleineren schätzungsweise 15.000. Während seiner zweiten Vernehmung schätzte Adametz die Anzahl der verbrannten Leichen im Babyn Jar und den angrenzenden Massengräbern auf etwa 40.000 bis 50.000 Leichen.

Max Hanisch beschrieb die Größe der Massengräber 1945 exakt wie Adametz.[117] Und auch Franz Löbbert schätzte die seiner Meinung nach "riesigen Leichenhaufen" auf circa 30.000 bis 50.000 Menschen.[118] Lediglich Horst Paulat stellte mit seiner Schätzung von etwa 80.000 exhumierten und verbrannten Leichen eine Ausnahme dar.[119] Bei manchen Erläuterungen bleibt zwar unklar, ob es sich um die Größe eines einzigen Massengrabes handelte oder ob die gesamte Leichenanzahl benannt wurde. In der neueren Forschung sind ebenso verschiedene Angaben vorhanden, da sie von etwa 50.000 Leichen bis zu einer Gesamtzahl von circa 100.000 ausgeht. In dem Nürnberger Hauptkriegsverbrecherprozess wurde sogar die Summe von 195.000 getöteten Menschen in Kiew genannt, allerdings entstammen die Angaben aus sowjetischer Hand.[120] Karel Berkhoff beschrieb die

---

[117] Adametz, Gerhard, 17.10.1945, S. 96; Adametz, Gerhard, 30.7.1962, S. 86; Hanisch, Max, 8.8.1962, S. 305.

[118] Löbbert, Franz, 18.8.1967, S. 212.

[119] Paulat, Horst, 4.8.1965, S. 16.

[120] Vgl. dazu Angrick, Andrej, Operation 1005, S. 52, Dr. Andrej Angrick bestätigte diese Zahlen am 6./7.5.2015 in E-Mails an die Verfasserin; Berkhoff, Karel, Harvest of Despair. Life and Death under Nazi Rule, Cambridge 2004, S. 302, vgl. dazu S. 436, Anmerkung Nr. 166: "The survivors' estimates are "about 70.000", "over 100.000", "about 120.000", "120.000 to 1250.000", and "over 125.000". Wobei als Nachweis dieser Informationen wiederum der Titel "Die Schoah von Babij Jar" von Erhard Roy Wiehn genannt wird; Ders., Babi Yar, Site of Mass Murder, Ravine of Oblivion, J.B. and Maurice C. Shapiro Annual Lecture, 9 February 2011, Occasional Paper, United States Holocaust Memorial Museum, Center for Advanced Holocaust Studies, Washington D.C. 2012, S. 1–16, hier: S. 8; Der Prozess gegen die Hauptkriegsverbrecher, S. 612.

sowjetischen Schätzungen mit folgenden treffenden Worten: "There are Soviet calculations, but they are highly problematic."[121]

Unklar ist ebenso die genaue Zahl der eingesetzten Zwangsarbeiter. Je nach Grabungsort variierte ihre Anzahl, wobei am größten Massengrab in der "Altweiberschlucht" im Verhältnis die meisten Häftlinge eingesetzt wurden.

Die Stuttgarter Staatsanwaltschaft ging in ihrer Anklageschrift von etwa 330 Häftlingen aus, von denen lediglich fünfzehn überlebten. Im Vergleich zur Staatsanwaltschaft machten die ehemaligen Zwangsarbeiter präzisere Angaben. So berichteten sie von zunächst 100 Häftlingen aus dem Lager Syrez, die im Laufe der Zeit aufgrund des großen Zeitdrucks auf 300 bis 330 erhöht wurden.[122]

Die Angaben der damals wachhabenden Ordnungspolizisten variierten stärker. So bezeugte Gerhard Adametz bei seinem Verhör unmittelbar nach Kriegsende die Erhöhung der Häftlingsanzahl von 100 auf 330. Im Jahre 1962 machte sich der zeitliche Abstand zu den Ereignissen bemerkbar: nun sprach Adametz von schätzungsweise 200 Häftlingen.[123]

Hanisch berichtete in den Vernehmungen der 1960er Jahre stets von 300 Häftlingen.[124] Franz Löbbert war sich hingegen sehr unsicher und nannte eine 100-köpfige Häftlingskolonne, wobei Löbbert zufolge ebenso 300 hätten anwesend sein können.[125] Einen starken Kontrast bildete mit geschätzten 80 bis 100 Häftlingen die Angabe von Hermann Kappen, womit lediglich die anfänglich anwesenden Häftlinge gemeint sein könnten, da Kappen nicht auf die spätere Erhöhung der Häftlingszahl einging. Drei Jahre später, im Jahre 1967, schätzte Kappen die Zahl der Zwangsarbeiter dagegen auf 100 bis 150.[126]

---

[121] Berkhoff, Karel, Harvest of Despair, S. 307.

[122] Kapjer, Jakow, 13.2.1967, S. 298; Dawydow, Wladimir, 9.2.1967, S. 288f.; Trubakow, Sjama, 14.2.1967, S. 308f.; Budnik, Dawid, 14.2.1967, S. 320.

[123] Adametz, Gerhard, 17.10.1945, S. 99; Adametz, Gerhard, 30.7.1962, S. 82.

[124] Hanisch, Max, 7.8.1962, S. 287; Hanisch, Max, 13.10.1964, S. 338.

[125] Löbbert, Franz, 18.8.1967, S. 212.

[126] Kappen, Hermann, 21.2.1964, S. 152; Kappen, Hermann, 11.7.1967, S. 162.

Die "Nationalität"[127] der Häftlinge stellte sich als ein zusätzlicher interessanter Aspekt dar. Erich Leuthold beispielsweise redete ausschließlich von Juden.[128] Im Jahre 1962 charakterisierte Gerhard Adametz die Zwangsarbeiter detaillierter als Gefangene und bezeichnete sie teilweise als Juden, die aus Westeuropa und Russland stammten, wobei er 1946 lediglich auf deren jüdische Herkunft verwies.[129] Ebenso gab Max Hanisch keine näheren Informationen über die Herkunft der Häftlinge, sondern bezeichnete diese lediglich als "Todeskandidaten", über deren Verurteilungsgründe er nichts Näheres erläutern konnte.[130]

Zum Tode verurteilt waren die Häftlinge ebenso laut Franz Löbbert, der die Situation 1964 mit folgenden Worten erläuterte: "Es hieß immer, sie seien zum Tode verurteilt und sie hätten bei uns nur noch ihr Gnadenbrot. Wir haben uns keine Gedanken darüber gemacht, ob das Juden waren." Drei Jahre später gab Löbbert weder Hinweise auf die religiöse noch auf die nationale Herkunft der Häft-

[127] Vgl. dazu: Oserow, L., Kiew, Babi Jar, in: Ilja Ehrenburg/Wassili Grossman (Hg.), Das Schwarzbuch. Der Genozid an den sowjetischen Juden, Reinbek 1994, S. 43-58, hier: 46. "In der Sowjetunion gab es in den Personalausweisen die Rubrik 'Nationalität', die mit dem jeweiligen nationalen Gebiet, in dem man geboren wurde bzw. lebte, nicht identisch sein mußte. Da die Juden in der Sowjetunion eine anerkannte Nationalität waren, war in ihren Papieren in der entsprechenden Rubrik 'Jude' eingetragen. Lediglich Juden, die bereits vor 1917 zu einer anderen Religion übergetreten bzw. konfessionslos waren, konnten als Russen, Ukrainer etc. ausgewiesen sein." Bestärkt wird dieses Zitat durch die Zeugenvernehmungsprotokolle selbst. So wurde bei den Zeugen Budnik, Kapjer und Trubakow vermerkt, dass sie "Staatsbürger der UdSSR" und "jüdischer Nationalität" seien. Wohingegen die Zeugen Dawydow und Jegjen'jew als "Staatsbürger der UdSSR" mit "ukrainischer Nationalität" bezeichnet wurden. Budnik, Dawid, 14.2.1967, S. 317; Kapjer, Jakow, 13.2.1967, S. 297; Trubakow, Sjama, 14.2.1967, S. 305; Dawydow, Wladimir, 9.2.1967, S. 287; Jewgjen'jew, Anatolij, 14.2.1967, S. 326.

[128] Leuthold, Erich, 26.11.1963, in: StAL, EL 317 III Bü. 1766, Band II, S. 242–252, hier: S. 252.

[129] Adametz, Gerhard, 30.7.1962, S. 82; Adametz, Gerhard, 17.10.1945, S. 96.

[130] Hanisch, Max, 16.12.1964, S. 31.

linge.[131] Horst Paulat verzichtete auf präzisere Begriffe und nannte die Zwangsarbeiter nur "zivile Arbeitskräfte".[132]

Laut den Angaben von Friedrich Behrens wurden im Babyn Jar "gefangene Partisanen und ausländische politische Gefangene" eingesetzt. In Behrens zweiter Vernehmung betrachtete er die Häftlinge nicht mehr als Menschen, sondern bezeichnete sie als "Figuren", die nach Arbeitsende "umgelegt" werden sollten. Dieselbe Bezeichnung wurde neben dem Attribut "jüdisch" auch von Hermann Kappen verwendet.[133]

Anhand der Aussagen der vier überlebenden Zwangsarbeiter kann zumindest deren Herkunft festgehalten werden: Sie stammten alle aus der Ukraine und lebten zum Vernehmungszeitpunkt in Kiew.[134] Die Ermordeten wurden während der Vernehmungen in den meisten Fällen kollektiv als "sowjetische Opfer" bezeichnet. Häufig wurde das Adjektiv "friedlich" für die Beschreibung der sowjetischen Bürger benutzt, um die Unschuld der Opfer noch stärker hervorzuheben. Es folgte keine detailliertere Differenzierung beispielsweise zwischen Juden, Sinti und Roma, Kriegsgefangenen, Kommunisten oder auch Partisanen.[135] Bereits zu Beginn der Befragung mit der Erklärung des Sachverhalts wurden die Opfer der Deutschen lediglich als "sowjetische Bürger" beschrieben. So fasste Dawydow die Herkunft der ermordeten Menschen unter dem Überbegriff "sowjetische Menschen" zusammen. Kapjer sprach beispielsweise von Lagern speziell für jüdische Häftlinge, des Weiteren beschrieb er, dass "friedliche Menschen, Partisanen und sowjetische Aktivisten" den Erschießungen im Babyn Jar zum Opfer gefallen seien. Trubakow sprach lediglich von Menschen, die "früher vernichtet worden waren". Hingegen wurden

[131] Löbbert, Franz, 29.1.1964, S. 180; Löbbert, Franz, 18.8.1967, S. 212.

[132] Paulat, Horst, 4.8.1965, S. 15.

[133] Behrens, Friedrich, 18.3.1965, S. 218; Behrens, Friedrich, 7.7.1965, in: StAL, EL 317 III Bü. 1767, Band VI, S. 245–248, hier: S. 247; Kappen, Hermann, 21.2.1964, S. 153; Kappen, Hermann, 11.7.1967, S. 162.

[134] Dawydow, Wladimir, 9.2.1967, S. 287; Kapjer, Jakow, 13.2.1967, S. 297; Trubakow, Sjama, 14.2.1967, S. 305; Budnik, Dawid, 14.2.1967, S. 317.

[135] Berkhoff, Karel, Babi Yar, S. 8.

die ermordeten Menschen von Budnik nur als Leichen bezeichnet. Jewgjen'jew wiederum sprach von "sowjetischen Bürgern" und beschrieb die Opfer der Erschießungen nach Alter und Geschlecht.[136] Die verallgemeinernden Aussagen der Überlebenden lassen sich auf den damals herrschenden antisemitischen und antizionistischen Kurs zurückführen, der sich in den 1960er Jahren innerhalb der Sowjetunion langsam wieder verstärkte.[137]

Aus der Sichtweise der deutschen Erinnerungspolitik bezüglich des Holocaust tragen diese Äußerungen merkwürdige Züge, da bei den meisten Aussagen weder auf die Nationalität, noch auf die Konfession der Ermordeten näher eingegangen wurde. Allerdings wird die kollektive Betrachtung der Opfergruppen als "friedliche sowjetische Menschen" nachvollziehbarer, sobald der Kontext der damaligen Zeit in die Bewertung einbezogen wird. Die Juden als größte Opfergruppe des Holocaust in allen besetzten Gebieten, sowie als zweitgrößte Kriegsopfergruppe der Ukraine, blieben im öffentlichen Gedenken jahrzehntelang unerwähnt.[138]

Im Kontrast zu den verhaltenen Äußerungen der ehemaligen Häftlinge aus dem Jahre 1967 steht eine Aussage des Zeugen Budnik aus den 1990er Jahren, in der er die Opfergruppen viel ausführlicher beschreibt. Zu den Opfern der Erschießungen im Babyn Jar gehörten laut Budnik "Partisanen, Angehörige der Untergrundbewegung, Kommunisten, Komsomolzen, Angehörige der Roten Armee und ihrer Familien, Geiseln, sowie Familien der Eisenbahner [...]. Hier fanden auch Seemänner (*Matrosen*) der Dnjeprflotte den Tod. Hier

---

136 Dawydow, Wladimir, 9.2.1967, S. 288; Kapjer, Jakow, 13.2.1967, S. 297, 299; Trubakow, Sjama, 14.2.1967, S. 305, 309; Budnik, Dawid, 14.2.1967, S. 317, 320; Jewgjen'jew, Anatolij, 14.2.1967, S. 326, 327f.

137 Berkhoff, Karel, Dina Pronicheva, S. 292; Messmer, Matthias, Sowjetischer und postsowjetischer Antisemitismus, S. 122.

138 Dawydow, Wladimir 9.2.1967, S. 288; Kapjer, Jakow 13.2.1967, S. 299; Al'tmann, Il'ja, Opfer des Hasses, S. 490f.; Walke, Anika, Jüdischer Überlebenskampf und sowjetische Kriegserinnerung, S. 30; Berkhoff, Karel, Babi Yar, S. 9.

wurden Ukrainer, Russen, Juden, Polen, Weißrussen planmäßig vernichtet, eben alle diejenigen, die man vernichten wollte."[139]

## 5.4. Widersprüchliche Aussagen der Angehörigen des Sonderkommandos

Die Ordnungspolizisten und die Sicherheitspolizisten hatten keinen engen Kontakt zueinander, sondern eher ein distanziertes Verhältnis.[140] Max Hanisch sowie der Zeuge Gerhard Adametz beschwerten sich gar über das kommandointerne schlechte Arbeitsklima, das zwischen den Beteiligten des SD und der Ordnungspolizei an den Grabungsstellen geherrscht habe.[141] Hanischs Männer fühlten sich "nicht für vollwertige Leute angesehen" und als zweitklassig behandelt.[142]

Die geringe Wertschätzung war aus Sicht der Ordnungspolizisten nicht das alleinige und bemerkenswerteste Problem, sondern die Angst vor den SD-Mitgliedern des Kommandos.[143] Diese Angst drückte sich auch durch eine Anweisung Hanischs kurz vor Kriegsende bei Arbeiten in Kärnten aus: Aloisius Kathöfer erinnerte sich, "dass wir uns mit der Waffe verteidigen sollten, wenn wir einmal mit einem geschlossenen Lkw vom SD abtransportiert werden sollten".[144] Dieser Befehl Hanischs könnte sich auf die angedrohten weiteren disziplinarischen Strafen zurückführen lassen, die einem Teil des Kommandos nach der Haftentlassung Anfang Oktober 1943 in Kiew angekündigt wurden.[145]

Weitere inhaltliche Differenzen finden sich in den Aussagen von Gerhard Adametz, die ansonsten durch große Detailliertheit hervorstechen – etwa wenn Adametz die Zusammenstellung des Sonder-

[139] Budnik, Dawid, Ein Glückskind, S. 70.

[140] Paulat, Horst, 4.8.1965, S. 293.

[141] Adametz, Gerhard, 17.10.1945, S. 99.

[142] Hanisch, Max, 13.10.1964, S. 335.

[143] Adametz, Gerhard, 17.10.1945, S. 99.

[144] Kathöfer, Aloisius, 23.1.1964, S. 62.

[145] Adametz, Gerhard, 17.10.1945, S. 100.

kommandos 1005 B in Dnipropetrowsk beschreibt. Bei seinen weiteren Ausführungen fallen jedoch die Parallelen zum Standort und den Erzählungen der Mitglieder des Teilkommandos A auf. Laut Adametz wurde seine Einheit eine Woche nach ihrer Ankunft in Dnipropetrowsk mit einem Lastkraftwagen an den Stadtrand zu einem Friedhof gefahren. Dort hätten sich bereits geöffnete Gräber und brennende Scheiterhaufen befunden. Die Truppe sei von Max Hanisch eingeführt worden. Spätestens an dieser Stelle fällt auf, dass Adametz die Ankunft seines Truppenteils in Kiew beschrieb und nicht im etwa 400 km entfernten Dnipropetrowsk - also schlichtweg eine geographische Verwechslung vorlag.[146]

Daneben finden sich auch kleinere Differenzen bei Aussagen bezüglich der Kommandostärke.

Laut der Aussage von Gerhard Adametz aus dem Jahre 1945 bestand das Teilkommando 1005 B aus etwa 40 Ordnungspolizisten und sechs bis acht SD-Angehörigen. 1962 nannte er hingegen 30 bis 35 Ordnungspolizisten und acht bis zehn SD-Männer. Franz Löbbert und Hermann Kappen sprachen dagegen von 40 bis 50 Ordnungspolizisten und sechs beziehungsweise 10 bis 12 Angehörigen des SD.[147] Aloisius Kathöfer sagte aus, dass nach seiner Ankunft in Kiew circa 30 Mann anwesend gewesen seien; allerdings seien stetig weitere hinzugekommen. Diese Schätzung deckt sich mit der Angabe von Horst Paulat, dem zufolge etwa 40 Ordnungspolizisten dort gewesen seien.[148] Bemerkenswerterweise sprach Hanisch von etwa 60 Angehörigen seines Kommandos zu Beginn der Arbeiten. Die Vergrößerung nach der Zusammenführung beider Teilkommandos A und B wird bei Hanisch allerdings nicht mit konkreten Zahlen untermauert. Möglicherweise handelte es sich bei Hanischs Angabe um die Gesamtzahl der Polizisten nach Ankunft des Teilkommandos B. Da ne-

---

146 Adametz, Gerhard, 30.7.1962, S. 75f.

147 Adametz, Gerhard, 17.10.1945, S. 89; Adametz, Gerhard, 30.7.1962, S. 74f.; Löbbert, Franz, 18.8.1967, S. 211; Kappen, Hermann, 11.7.1967, S. 161.

148 Kathöfer, Aloisius, 23.1.1964, S. 49; Paulat, Horst, 4.8.1965, S. 14; Hanisch, Max, 7.8.1962, S. 284, 286.

ben waren laut Hanisch etwa fünf bis sechs SD-Angehörige an den Grabungsstellen eingesetzt.

Anatolij Jewgjen'jew wurde als Zeuge der Erschießungen in der Besatzungszeit in den Prozess eingebunden. So konnte er beispielsweise den Fußmarsch von 18 nackten Männern in Richtung des Panzergrabens beobachten. Jewgjen'jew berichtete von Matrosen, allerdings lassen sich diese Angaben nicht verifizieren. Generell kommt die Frage nach dem Wissen auf. Wie konnte er wissen, dass es sich um Seeleute handelte, wenn die Männer nackt waren und keine Uniformen trugen?[149]

## 6. Fazit

Die Prozessakten der Stuttgarter "Aktion 1005"-Strafverfolgung sind eine aufschlussreiche Quelle. Dennoch ist die Arbeit mit jenen Unterlagen problematisch, da viele unterschiedliche Faktoren im Umgang mit den Zeugenvernehmungsprotokollen beachtet werden müssen. Die Augenzeugenberichte hätten sowohl für die ehemaligen Ordnungspolizisten als auch für die Zwangsarbeiter weitreichende Folgen haben können. So hätte den Ordnungspolizisten die aktive Beteiligung an den damaligen Greueltaten und Morden unterstellt werden können, deshalb beharrten viele Zeugen mehrfach auf ihrer passiven Rolle im Absperrdienst der Schlucht und sahen sich als kleines Rädchen im großen Getriebe der NS-Herrschaft. In diesen Fällen kam es zu einer Marginalisierung der eigenen Rolle und zu dem Phänomen, sich der Verantwortung nicht zu stellen, sondern die Schuld anderen Kommandomitgliedern zuzuweisen.

In diesem Prozess diente meistens Blobel als alleiniger Hauptschuldiger. Blobel konnte durch solche Aussagen nicht mehr gefährdet werden, da sein Todesurteil bereits 1951 vollstreckt worden war.

Überzeugend erscheint hingegen die Darstellung, dass die Ordnungspolizisten des Sonderkommandos 1005 zum Zeitpunkt ihrer

[149] Jewgjen'jew, Anatolij, 14.2.1967, S. 328.

Ankunft in der ukrainischen Hauptstadt aus Geheimhaltungsgründen nichts von ihrem späteren Einsatzgebiet wussten. Die Angehörigen der Ordnungspolizei verwiesen unentwegt darauf, auch nach der Arbeitseinweisung keinen Kontakt zu den Häftlingen gehabt zu haben. Im Falle der regulären Ordnungspolizisten niederen Ranges scheint dies aufgrund der Aktenlage und dem Gesamtbild der Zeugenaussagen plausibel, jedoch kommen beim Bezirksoberleutnant der Gendarmerie Max Hanisch Zweifel auf.

So gab es die unterschiedlichen Darstellungen der beiden ehemaligen Zwangsarbeiter Budnik und Dawydow, denen die Person "Chanisch" als "Verantwortlicher der Vernichtung sowjetischer Menschen" geläufig war.

Dennoch hätten nicht nur die ehemaligen Kommandomitglieder Gründe gehabt, ihre Rolle als nebensächlich zu beschreiben, sondern auch die damaligen Häftlinge. Die Angst vor möglichen Konsequenzen, die in der Sowjetunion nach der erlittenen Haft- und Zwangsarbeitszeit in den Kriegsjahren hätten entstehen können, war omnipräsent. Der Vorwurf der Kollaboration und der daraus resultierende Tatbestand des Vaterlandsverrates hätte für die früheren Internierten ernsthafte Folgen haben können.

Die schlüssig scheinenden Häftlingsaussagen hätten durch das damals herrschende politische System der Sowjetunion und seiner Vertreter zudem falsch ausgelegt werden können.

Der Faktor Zeit erweist sich als weitere Problematik, der die Qualität der Erinnerungen negativ beeinflussen kann. In einigen Fällen, wie beispielsweise bei Gerhard Adametz und Emil Renz, sind Berichte aus der unmittelbaren Nachkriegszeit vorhanden, mit deren Hilfe manche verblasste Erinnerung aufgezeigt werden könnte. Die Aussagen der beiden ehemaligen Häftlinge Budnik und Kapjer konnten durch ihre späteren ausführlichen Darstellungen verglichen werden. Dabei fallen bezüglich des größeren Ereignisrahmens keine inhaltlichen Unterschiede auf, lediglich wurde das Erlebte früher detaillierter beschrieben. Zusätzlich wurden die Aussagen durch genaue Datums- und Mengenangaben ergänzt, die sich die Zeugen jedoch erst nach den Ereignissen angeeignet haben konnten.

Der letzte Faktor betrifft die Angaben der Opfer, im genaueren deren Anzahl sowie ihre religiöse und nationale Zugehörigkeit. Den Schätzungen der neueren Forschung zufolge wurden im Babyn Jar zwischen 50.000 und etwa 100.000 ermordete Menschen aus den großen Massengräbern geborgen und verbrannt. Demnach liegen die Schätzungen der dieser Forschung näher an den Angaben der Angehörigen der Ordnungspolizei in den Sonderkommandos 1005 A und B, wobei die Angaben in manchen Vernehmungsprotokollen zwischen etwa 30.000 oder auch 80.000 schwanken. Einen starken Kontrast bildet die Gesamtzahl von 100.000 bis 125.000 Mordopfern, wobei sich die Staatsanwaltschaft Stuttgart an den Mengenangaben der damaligen Zwangsarbeiter orientierte.

Abschließend bleibt festzuhalten, dass die untersuchten Quellen zur Aktion 1005 im Babyn Jar nicht durchgängig schlüssig sind, sondern an einigen Stellen inhaltlich variieren. Da jedoch kleinere inhaltliche Widersprüche bereits nach kürzerer Zeit entstehen können und zum Sonderkommando 1005 mit dem Einsatzgebiet Kiew insgesamt nur wenige Quellen vorhanden sind, sind die Zeugenaussagen für die Rekonstruktion der Ereignisse unerlässlich.[150]

Sehr detaillierte Informationen lassen sich aus den vorliegenden Quellen nur schwer gewinnen, wie ausführlich bei den verschiedenen Mengen- und Datumsangaben aufgezeigt wurde; dennoch kann zumindest ein Ereignisrahmen rekonstruiert werden.

Im Großen und Ganzen erwecken die meisten vernommenen Personen – abgesehen von einigen inhaltlich widersprüchlichen Passagen in ihren Aussagen – einen glaubwürdigen Eindruck. Lediglich der Zeuge Emil Renz sticht aufgrund seiner suspekten und problematischen Aussagen negativ hervor.

---

[150] Berkhoff, Karel, Dina Pronicheva, S. 309.

# 7. Quellen- und Literaturverzeichnis

## 7.1. Quellen

### 7.11. Editionen


- Der Prozess gegen die Hauptkriegsverbrecher vor dem Internationalen Militärgerichtshof Nürnberg 14. November 1945–1. Oktober 1946, Vernehmungsniederschriften 5. Februar 1946–19. Februar 1946, Band VII, Nürnberg 1947, S. 612.
- Mallmann, Klaus-Michael/Angrick, Andrej/Matthäus, Jürgen/Cüppers, Martin (Hg.), Die "Ereignismeldungen UdSSR" 1941. Dokumente der Einsatzgruppen in der Sowjetunion I, Darmstadt 2011.
- Wegmann, Günter (Hg.), "Das Oberkommando der Wehrmacht gibt bekannt...". Der deutsche Wehrmachtsbericht, Bd. 1 1939–1941, Osnabrück 1982.


### 7.1.2. Landesarchiv Baden-Württemberg Abt. Staatsarchiv Ludwigsburg


- StAL, EL 317 III Bü. 1765, Bd. VI, Urteil, S. 29–32.
- StAL, EL 317 III, Bü. 1766, Bd. I, S. 42.
- StAL, EL 317 III Bü. 1789, S. 54.
- StAL EL 317 III Bü. 1791, Lichtbildtafel Nr. 21–23.
- Adametz, Gerhard, 13.7.1967, in: StAL, EL 317 III Bü. 1769, Band X, S. 175f.

  Adametz, Gerhard, 9.7.1965, in: StAL, EL 317 III Bü. 1767, Band VI, S. 259–264.
- Adametz, Gerhard, 30.7.1962, in: StAL, EL 317 III Bü. 1766, Band I, S. 73–88.
- Adametz, Gerhard, 17.10.1945, in: StAL, EL 317 III Bü. 1766, Band I, S. 89–102.
- Behrens, Friedrich, 7.7.1965, in: StAL, EL 317 III Bü. 1767, Band VI, S. 245–248.
- Behrens, Friedrich, 18.3.1965, in: StAL, EL 317 III Bü. 1767, Band VI, S. 218.
- Budnik, Dawid, 14.2.1967, in: StAL, EL 317 III Bü. 1769, Band XI, S. 317–320.

- Dawydow, Wladimir, 9.2.1967, in: StAL, EL 317 III Bü. 1769, Band XI, S. 287–291.
- Hanisch, Max, 16.12.1964, in: StAL, EL 317 III Bü. 1767, Band IV, S. 30–35.
- Hanisch, Max, 13.10.1964, in: StAL, EL 317 III Bü. 1766, Band III, S. 332–342.
- Hanisch, Max, 8.8.1962, in: StAL, EL 317 III Bü. 1766, Band III, S. 299–307.
- Hanisch, Max, 7.8.1962, in: StAL, EL 317 III Bü. 1766, Band III, S. 283–298.
- Jewgjen'jew, Anatolij, 14.2.1967, in: StAL, EL 317 III Bü. 1769, Band XI, S. 326–329.
- Kapjer, Jakow, 13.2.1967, in: StAL, EL 317 III Bü. 1769, Band XI, S. 297–300.
- Kappen, Hermann, 11.7.1967, in: StAL, EL 317 III Bü. 1769, Band X, S. 159–170.
- Kappen, Hermann, 21.2.1964, in: StAL, EL 317 III Bü. 1767, Band V, S. 148–159.
- Kathöfer, Aloisius,23.1.1964, in: StAL, EL 317 III Bü. 1767, Band III, S. 48–65.
- Klein, Kurt, 8.7.1965, in: StAL, EL 317 III Bü. 1767, Band V, S. 253f.
- Klein, Kurt, 17.2.1965, in: StAL, EL 317 III Bü. 1767, Band VI, S. 187.
- Leuthold, Erich, 9.5.1967, in: StAL, EL 317 III Bü. 1768, Band IX, S. 111–115.
- Leuthold, Erich, 26.11.1963, in: StAL, EL 317 III Bü. 1766, Band II, S. 242–252.
- Löbbert, Franz, 18.8.1967, in: StAL, EL 317 III Bü. 1769, Band X, S. 210–217.
- Löbbert, Franz, 28.1.1965, in: StAL, EL 317 III Bü. 1767, Band V, S. 182–185.
- Löbbert, Franz, 29.1.1964, in: StAL, EL 317 III Bü. 1767, Band V, S. 175–181.
- Löbbert, Franz, 28.1.1964, in: StAL, EL 317 III Bü. 1767, Band V, S. 171–174.
- Paulat, Horst, 4.8.1965, in: StAL, EL 317 III Bü. 1767, Band VI, S. 291–295.
- Paulat, Horst, 15.2.1965, in: StAL, EL 317 III Bü. 1767, Band V, S. 188–189.

- Renz, Emil, 8.7.1965, in: StAL, EL 317 III Bü. 1767, Band VI, S. 250–252.
- Renz, Emil, 22.1.1964, in: StAL, EL 317 III Bü. 1767, Band IV, S. 40–47.
- Renz, Emil, 19.1.1946, in: StAL, EL 317 III Bü. 1766, Band III, S. 313f.
- Sohns, Hans, 10.10.1966, in: StAL, EL 317 III Bü. 1767, Band VII, S. 402–409.
- Trubakow, Sjama, 14.2.1967, in: StAL, EL 317 III Bü. 1769, Band XI, S. 305–310.
- Winter, Otto, 29.5.1945, in: StAL, EL 317 III Bü. 1790, Band XV, S. 32–39.

## 7.2. Literatur

Al'tmann, Il'ja, Opfer des Hasses. Der Holocaust in der UdSSR 1941–1945, Gleichen 2008.

Angrick, Andrej, Operation 1005: The Nazi Regime's Attempt to Erase Traces of Mass Murder, in: International Holocaust Remembrance Alliance (Hg.), Killing Sites. Research and Remembrance, Bd. 1 2015, S. 47–60.

Arnold, Klaus Jochen, Die Eroberung und Behandlung der Stadt Kiew durch die Wehrmacht im September 1941. Zur Radikalisierung der Besatzungspolitik, in: Militärgeschichtliche Mitteilungen 1999 (58), S. 23 – 63.

Baer, Ulrich, Niemand zeugt für den Zeugen. Erinnerungskultur und historische Verantwortung nach der Shoah, Frankfurt am Main 2002.

Berkhoff, Karel, Dina Pronicheva's Story of Surviving the Babi Yar Massacre: German, Jewish, Soviet, Russian, and Ukrainian Records, in: Ray Brandon/Wendy Lower (Hg.) The Shoah in Ukraine. History, Testimony, Memorialization, Indiana 2008, S. 291–317.

Berkhoff, Karel, Harvest of Despair. Life and Death under Nazi Rule, Cambridge 2004.

Berkhoff, Karel, Babi Yar, Site of Mass Murder, Ravine of Oblivion, J.B. and Maurice C. Shapiro Annual Lecture, 9 February 2011, Occasional Paper, United States Holocaust Memorial Museum, Center for Advanced Holocaust Studies, Washington, D.C., 2012, S. 1–16.

Budnik, Dawid, Ein Glückskind, in: Erhard Roy Wiehn (Hg.), Nichts ist vergessen, Konstanz 1993.

Caruth, Cathy, Trauma als historische Erfahrung: Die Vergangenheit einholen, in: Baer, Ulrich, Niemand zeugt für den Zeugen. Erinnerungskultur und historische Verantwortung nach der Shoah, Frankfurt/Main 2002, S. 84–98.

Ehrenburg Ilja/Grossman, Wassili (Hg.), Das Schwarzbuch. Der Genozid an den sowjetischen Juden, Reinbek 1994.

Hoffmann, Jens, "Das kann man nicht erzählen". Aktion 1005 – Wie die Nazis die Spuren ihrer Massenmorde in Osteuropa beseitigten, Hamburg 2008.

Jockusch, Laura, "Jeder überlebende Jude ist ein Stück Geschichte". Zur Entwicklung jüdischer Zeugenschaft vor und nach dem Holocaust, in; Martin Sabrow/Norbert Frei (Hg.), Die Geburt des Zeitzeugen nach 1945, Göttingen 2012, S. 113–144.

Kapjer (*Kaper*), Jakow, Ein Leidensweg, in: Erhard Roy Wiehn (Hg.), Nichts ist vergessen, Konstanz 1993.

Kenkmann, Alfons, Historisches Lernen mit Zeitzeugen? Geschichtsdidaktische Anmerkungen, in: Die Schoah in Geschichte und Erinnerung: Perspektiven medialer Vermittlung in Italien und Deutschland, Bielefeld 2015, S. 141–156.

Laub, Dori, Zeugnis ablegen oder Die Schwierigkeiten des Zuhörens, in: Baer, Ulrich, Niemand zeugt für den Zeugen. Erinnerungskultur und historische Verantwortung nach der Shoah, Frankfurt am Main 2002, S. 68–83.

Lower, Wendy, Nazi Empire-Building and the Holocaust in Ukraine, Chapel Hill 2005.

Mallmann, Klaus-Michael/Angrick, Andrej/ Matthäus, Jürgen/ Cüppers, Martin (Hg.), Die "Ereignismeldungen UdSSR" 1941. Dokumente der Einsatzgruppen in der Sowjetunion I, Darmstadt 2011.

Michaelis, Andree, Erzählräume nach Auschwitz. Literarische und videographierte Zeugnisse von Überlebenden der Shoah, Berlin 2013.

Ogorreck, Ralf/Rieß Volker, Fall 9: Der Einsatzgruppenprozeß (gegen Otto Ohlendorf und andere), in: Gerd R. Ueberschär (Hg.), Der Nationalsozialismus vor Gericht. Die alliierten Prozesse gegen Kriegsverbrecher und Soldaten 1943–1952, Frankfurt am Main 1999, S. 164-175.

Ogorreck, Ralf. Die Einsatzgruppen und die "Genesis der Endlösung", Berlin 1996.

Penter, Tanja, Die Ukrainer und der "Große Vaterländische Krieg": Die Komplexität der Kriegsbiographien, in: Andreas Kappeler (Hg.), Die Ukraine: Prozesse der Nationsbildung, Köln/Böhlau 2011, S. 335–348.

Penter, Tanja, "Das Urteil des Volkes". Der Kriegsverbrecherprozess von Krasnodar, Osteuropa. Interdisziplinäre Monatszeitschrift zur Analyse von Politik, Wirtschaft, Gesellschaft, Kultur und Zeitgeschichte in Osteuropa, Ostmitteleuropa und Südosteuropa, 60 (2010), Nr. 12, S. 117–132.

Pohl, Dieter, The Murder of Ukraine's Jews under German Military Administration and in the Reich Commissariat Ukraine, in: Ray Brandon/Wendy Lower (Hg.) The Shoah in Ukraine. History, Testimony, Memorialization, Indiana 2008, S. 23–76.

Pohl, Dieter, Art. "Enterdungsaktion", in: Enzyklopädie des Nationalsozialismus, München 2007, S. 454.

Pohl, Dieter, Die Einsatzgruppe C 1941/42, in: Peter Klein (Hg.), Die Einsatzgruppen in den besetzten sowjetischen Gebieten. Die Tätigkeits- und Lageberichte des Chefs der Sicherheitspolizei und des SD, Berlin 1997, S. 71–87.

Rüß, Hartmut, Wer war verantwortlich für das Massaker von Babij Jar?, in: Militärgeschichtliche Mitteilungen 1998 (57), S. 483–508.

Rüß, Hartmut, Kiev/Babij Jar, in: Gerd R. Ueberschär (Hg.): Orte des Grauens. Verbrechen im Zweiten Weltkrieg, Darmstadt 2003, S. 102–113.

Schneider, Karl, "Auswärts eingesetzt". Bremer Polizeibataillone und der Holocaust, Essen 2011.

Spector, Shmuel, Aktion 1005-Effacing the Murder of Millions, in: Holocaust and Genocide Studies Bd. 5 (2) 1990, S. 157–173.

Walke, Anika, "Wir haben über dieses Thema nie gesprochen." Jüdischer Überlebenskampf und sowjetische Kriegserinnerung, in: Micha Brumlik/Karol Sauerland, Umdeuten, verschweigen, erinnern. Die späte Aufarbeitung des Holocaust in Osteuropa, Frankfurt am Main 2010, S. 25–46.

Welzer, Harald, Das kommunikative Gedächtnis. Eine Theorie der Erinnerung, München 2008.

Wiehn, Erhard Roy, Die Schoáh von Babij Jar. Das Massaker deutscher Sonderkommandos an der jüdischen Bevölkerung von Kiew 1941. Fünfzig Jahre danach zum Gedenken, Konstanz 1991.

**Laura Notheisen**

studiert im Masterstudiengang Global History mit dem Schwerpunkt Neuere und Neueste Geschichte an der Ruprecht-Karls-Universität in Heidelberg; sie arbeitete als Praktikantin am Deutschen Historischen Institut in London, am Institut für Zeitgeschichte im Projekt "Mein Kampf – Eine Edition", an der KZ-Gedenkstätte Dachau und am Dokumentations- und Kulturzentrum Deutscher Sinti und Roma in Heidelberg.

**Dr. Drs. h.c. Erhard Roy Wiehn, M.A.**

Prof. (em.) im Fachbereich Geschichte und Soziologie der Universität Konstanz; Veröffentlichungen vor allem zur Schoáh & Judaica; www.uni-konstanz.de/soziologie/Judaica

Dawid Budnik/Jakow Kaper, **Nichts ist vergessen/Nothing is Forgotten** – Jüdische Schicksale in Kiew/Jewish Fate in Kiev 1941–1943. (deutsch, englisch, russisch). 1993, 317 pages. ISBN 3-89191-666-3: **Vergriffen! – Neuausgabe nur in deutscher Sprache:**

**Dawid Budnik & Jakow Kaper, Verpflichtet darüber zu berichten – Zwei jüdische Überlebensgeschichten der NS-Aktion 1005 in Kiew Babyn Jar 1943. Konstanz (Juli) 2018. 138 Seiten, Fotos. ISBN 978-3-86628-605-4**

Karl Iosifowitsch Epstein, **Weihnachten 1942** – Ein jüdischer Junge überlebt deutsche Massaker in der Ukraine und erlebt als ukrainischer "Ostarbeiter" eine deutsche Weihnacht in Berlin. Konstanz 2011, 78 S., Fotos u. Dokumente. ISBN 978-3-86628-389-3

Iwan Franko, **Zum Licht sich gesehnt** – "Mose" und andere ausgewählte Judaica. Aus dem Ukrainischen von Nadiya Medvedovska. Konstanz 2008, 151 Seiten. ISBN 3-86628-177-3

Jakob Honigsman, **Juden in der Westukraine** – Jüdisches Leben und Leiden in Ostgalizien, Wolhynien, der Bukowina und Transkarpatien 1933–1945. Aus dem Russischen von Juri Schatton, herausgegeben von Raymond M. Guggenheim u. Erhard Roy Wiehn. Konstanz 2001, 380 Seiten. ISBN 3-89649-647-6

Zvi Harry Likwornik, **Als Siebenjähriger im Holocaust** – Nach den Ghettos von Czernowitz und Bérschad in Transnistrien ein neues Leben in Israel 1934–1948–2012. Konstanz 2012; 2. durchgesehene und durch Buchbesprechungen erweiterte Neuausgabe 2013, 218 Seiten, viele Fotos. ISBN 978-3-86628-426-5

Roman Mnich, **Ivan Franko im Kontext mit Theodor Herzl und Martin Buber** – Antisemitismus und Philosemitismus in Ostgalizien 1886–1916. Mit Originalbeiträgen von Ivan Franko, Mathias Acher, J. Karenko, Carpel Lippe, Mychajlo Lozynskyj, Wasyl Szczurat und Osias Waschitz. Konstanz 2012, 132 Seiten, ISBN 978-3-86628-415-9

Dmitry B. Peisakhov u. Erhard Roy Wiehn (Hg.), **Jüdisches Leben in Kiew/Jewish life in Kiev** – Eine Fotodokumentation. (Einleitung deutsch, englisch, russisch) Konstanz 1992/93, 200 Seiten. ISBN 3-89191-551-9

Dmitry Peysakhov, **Jüdische Gesichter – Jewish Faces**. Historische Bilder aus der Ukraine – Historical photos from Ukraine. Konstanz 2016; 128 Seiten. ISBN 978-89191-798-5

Lili Chuwis Thau, **Versuche zu überleben** – Die Geschichte einer jüdischen Familie unter NS-Herrschaft in Lemberg und Galizien. Aus dem Englischen von Klara Strompf. Konstanz 2016, 263 Seiten, Fotos. ISBN 878-3-86628-553-8

Lesja Ukrainka, **Judaica** – Babylonische Gefangenschaft und andere Gedichte. Aus dem Ukrainischen von Nadiya Medvedovska. Konstanz 2005, 99 Seiten. ISBN 3-89649-964-5

Erhard Roy Wiehn (Hg.), **Die Schoáh von Babij Jar** – Das Massaker deutscher Sonderkommandos an der jüdischen Bevölkerung von Kiew 1941 fünfzig Jahre danach zum Gedenken. Mit einer Dokumentation. (Deutsche, englische, russische Texte) Konstanz 1991, 850 Seiten. ISBN 3-89191-430-X: Vergriffen!

Erhard Roy Wiehn (Hg.), **Babij Jar** – Das Massaker deutscher Exekutionskommandos an der jüdischen Bevölkerung von Kiew 60 Jahre danach zum Gedenken. Konstanz 2001, 189 Seiten. ISBN 3-89649-645-X

Erhard Roy Wiehn / Ерґард Рой Він, **Kiew Babij Jar • Kiev Babi Yar • Бабин Яр у Києві** – Ein fast vergessenes Verbrechen • An almost forgotten crime • Майже забутий злочин 1941. Konstanz (deutsch, englisch, ukrainisch). 2011, 95 S., Fotos. ISBN 978-3-86628-371-8

Zu beziehen bei/can be ordered from

Verlagsbuchhandlung Hartung-Gorre http:/www.hartung-gorre.de

D-78465 Konstanz, Germany – Telefon +49 (0)7533/97227 – Fax 97228
E-Mail: verlag@hartung-gorre.de

oder durch den Buchhandel / or at your book shop / Ínternet!!

Presented by
Dr P.R. Evans,
Zoology Dept.